U0034934

手指占卜

柔軟／高傲

隨和／蠻橫

美感／糊塗

理性／感性

Finger Divination

手指長短斷吉凶

命理名師
黃恆堉
李羽宸

作者序

李羽宸

　　「手相學」就是觀察從手腕到指尖的部分，以手掌整體來看運勢及命運。而「手指占卜」則是手相學中，以前人各種經驗加上新的醫學資訊為基礎，成就一種簡單明瞭，人人都懂的新型態手相占卜。

　　手的動作可以說是全身活動力最強、最頻繁的部位。當我們在說話或是演講的時候，都會利用手部動作來加強語氣與潤飾，而看似簡單的一雙手，其中卻隱含著諸多神祕的面紗，就讓我們透過這本書，一起來發掘與探索手指之間蘊藏著許多不為人知的祕密吧！

一、

　　大拇指形美強健，第二節下方豐滿的人表示遺傳優良，幼年運可享長輩的親情與福蔭，身體健康，青少年運讀書順利，聰明點慧，與人為善，從事公職或經商皆有所成；大拇指短小形差，表示遺傳不佳，做起事來耐力不足，沒有主見，容易半途而廢，事業無成，體弱多病，父母遺傳不良。若大拇指過於傾斜、柔軟，則其個性柔弱、多愁善感，道德觀念薄弱，寅吃卯糧，導致生活困頓，平常要多注意消化系統方面的保健。只要透過第二章與第七章的介紹，就可以瞭解大拇指的全貌。

二、

　　食指與無名指長短相稱者最佳。兩指相

稱表示待人和氣，事業有成；無名指過長，食指明顯比無名指短很多的人，表示情緒不穩定，缺乏耐心，易被激怒，協調性與自制力差，與周遭或親近的人都很難相處，因而小人是非多，導致事業少成多敗。細讀第三章、第五章、第七章、第八章、第九章，第十一章，就知道食指與無名指所代表的意涵了。

三、

　　中指端正的人眼光獨到、遠大，為人處事穩健踏實，自我約束力強，中年順遂，家和興旺，健康如意。中指過長、大者，表示心思縝密，適合從事幕僚、策劃、精密與需要耐性的工作；中指短小的人意志力薄弱，前程黯淡；彎曲的人依賴心過重，欠缺自主

能力，中年敗業，而且易有腿疾。就讓我們利用第四章、第九章、第十章來研究吧！

四、

　　小指形美長短適中的人內心十分安定，是個散發穩重氣質的人，所以能夠擁有絕佳的人際關係；小指短小、歪斜的人表示經濟狀況不好，缺乏自信心與責任感，總是覺得矮人一截，自卑感很重。

五、

　　在第六章、第十章、第十一章會有很詳細的解說。

　　本書內容豐富，淺顯易懂，分別介紹五根手指之間的相互關係，而且均有詳圖解，一定能讓讀者更加瞭解自己的人生百態，在

實際生活中靈活運用。人手一冊，無師自通，
讓自己更加認識自己，進而看清對方，小心
印證，任何疑難雜症皆能獲致圓滿的解答。

高雄市五術教育協會創會 理事長 李羽宸
丙申年仲夏謹序於吉謙坊命理開運中心
網址：www.3478.com.tw
連絡電話：0930-867707

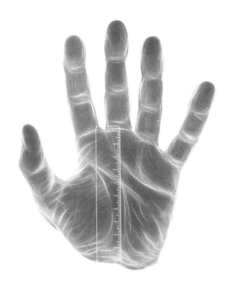

目次

第三章 食指代表的意義

第四章 中指代表的意義

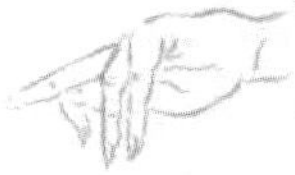

第五章 無名指代表的意義

第六章 小指代表的意義

第七章 大拇指與食指的互動關係

第八章 食指與無名指的戀愛特性

第九章　中指與無名指的結婚運勢

第十章 中指與小指的工作運勢

第十一章　無名指與小指的天生特質

第十二章 幸福手指的祕密

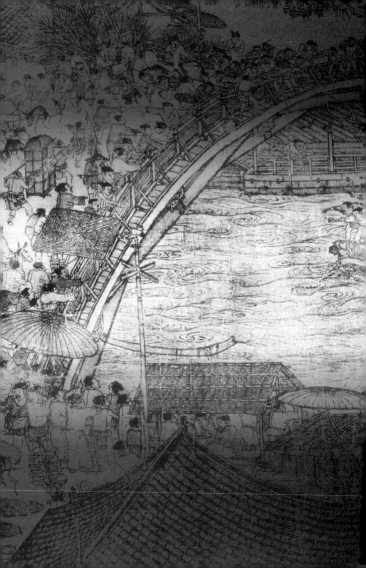

第一章

神祕的
手指占卜

一

母體懷孕期間
隱藏在手指中的祕密

　　我們都知道五根手指頭一定是中指最長，再來依序是無名指或食指、小指，而大拇指因為出發點的關係，與四根手指的位置距離最遠。若與其他人的手指互相比較，長短或多或少都會有所不同，有時候甚至連自己的左右手都會有所差異。

　　母體懷孕期間，嬰兒來自父母親的遺傳與各種激素的影響而漸漸成長，當然手指也不例外，其長度如同身高一樣，皆是由骨骼來決定。因此手指的長短與大小以及指紋都已經定型，所以在嬰兒出生之後，除了由小

變大之外，每根手指的長短比例，原則上是不變的。

懷孕七週之後，胎兒手指骨骼長度的比例幾乎和成人沒有多大的差別，到了懷孕第四個月的期間，手指漸漸的增長，比例就與成人無異了。這時候胎兒雖然還很小，重量也很輕，但是手的形狀和比例已經和大人差不多了。接著胎兒有了指紋，掌紋再慢慢出現，直到離開媽媽的肚子，一直成長到現在的你，除了尺寸由小變大之外，手指的比例與每根手指的長短差異是完全不變的。只是若因為運動或從事特殊工作行業而過度使用雙手，就會使手指變得更加敏捷發達，手指的長度或比例就可能因此產生些微的變化。

也就是說雙手在媽媽肚子裡的胎兒時期

開始，就已經大致確定它的形狀和比例，當你來到這個世界以前，掌握自己命運的手，就是現在你眼前的這雙手。

　　研究手相最容易懂也最好記的就是手指不同長度所代表的差異性，每根手指裡蘊藏著真正的自我，經過手指占卜，每個人都能夠更加的認識自己，瞭解自己，才能夠更有效率與迅速的享受人生的美好，而不會走太多的冤枉路，只要你瞧瞧自己的手指，一切為何牽絆命運的罣礙都會因此而豁然開朗。

二

左右手暗示的差異性

1、左右手不同的運勢

　　很多人會問運用手指來論命，到底是要看哪一隻手呢？其實一般人習慣用右手就以右手來看，左撇子就以左手來論。但是各門派都有不同的見解，如西方人習慣看左手，中國人則主張男左女右。其實左右手的相理會隨著時間而出現變化，因為在日常生活當中，習慣使用的那隻手會特別的發達與靈活，它代表人生經歷的累積，而另一隻手還殘留著先天的性質，所以同時左右手相互比較，才是占卜最為正確的方式。

右手的手相可以看出左腦所掌管的理性與自己所選擇的人生；而左手就是顯示右腦所負責的直覺與先天的命運。右腦掌管左手，左腦掌管右手，這在神經連結的解釋上已經獲得相當清楚的證實。

　　人類的祖先「猴子」並沒有慣用哪一隻手，而是左右手都很靈活；而人類反而慣用右手，相對左撇子就比較少見。這是因為在進化的過程中，掌管邏輯推理的左腦發展比較迅速，才會形成多數人慣用右手的現象。因此慣用右手的人，代表你的理智較強，具有克服命運的力量；而左右手的手相若無太大差別，就可以直接順從掌管先天命運的那一方。意即無論使用哪一家門派，手相學還是需要兼顧左右手，因為兩隻手都很重要！

2、迎接好運的漂亮手指

擁有理想的漂亮手指形狀是平順筆直、長短粗細適宜、肌肉分布有序，於是就會散發出親和力，與人相處就會顯現出柔和溫馨的氣氛，所以就會讓人很容易接納他，甚至想親近他。

倘若手指的整體形狀良好，但是表面色澤不好，對於運勢的提升還是會減分。理想的色澤是呈現紅潤的健康膚色，且手指表面有充分的滋潤與光澤；當然每個人的膚色大不相同，也不是愈白就愈好，若是皮膚白皙的人，手指呈現慘白發青，反而會給人有不夠健康的印象。如同擁有好臉色、精神煥發的人通常比較受歡迎，具有健康色澤的手指才會有吸引他人目光的魅力。

最後就是手指的柔軟度，我們將雙手用力伸直時，手指前端愈翹，代表此人愈具有臨機應變的特質。手指具有柔軟度的人，就算個人的運氣有所變動，也不會輕易地被命運所左右，是能夠克服瓶頸、精確抓住機會的類型。手指的肌肉分布、色澤、肌膚彈性、柔軟度，綜合起來才能評斷是不是能為你帶來幸福哦！

3、招致壞運的疲倦手指？

手指雖然細長，卻細到沒有什麼肉；或是有肉也只是虛胖、沒有彈性的肥肉，這會給人不健康的印象。因為筆直細長的手指，卻在某個關節處變得僵硬，無法直直地伸展，就像是駝背一樣呈現彎曲狀態，這就是屬於疲倦手指。

與人交談的時候，雙手就成為與對方距離最近的一部分，因此我們就會不經意的注意對方手指的自然動作及整體外觀。假設你眼前有個完美對象或絕世美女，但她的指尖乾燥粗糙或顯得不健康，此時你對她的印象就會大打折扣！因為與你的想像有差距，就會留下不好的印象！所以做好健康管理，每天按摩自己的手指，讓自己擁有漂亮的手指，也能為你帶來快樂的人生。

三 手指長度的判斷方法

1、大拇指長度的判斷

(1) 測量大拇指的長度，首先將大拇指自然地微微向食指靠攏，不要故意使力，此時大拇指的前端比食指的第二關節稍微短一點點，就是「標準長度」。

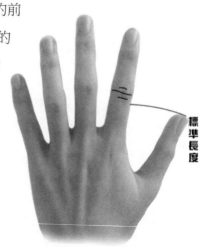

標準長度

(2)　大拇指已經到達食指的第二關節，或是
　　　比它還要長，就是「長拇指」。

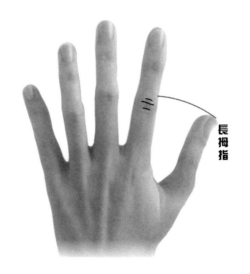

長拇指

(3) 大拇指只到食指的第二關節與第三關節之間，就是「短拇指」。

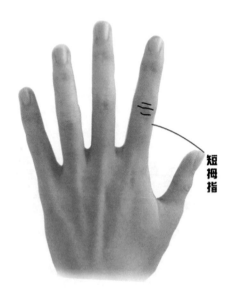

短拇指

2、食指長度的判斷

⑴ 測量食指的長度，首先將手指併攏，從手背來測量，此時食指的最前端在中指第一節的正中央，就是「標準長度」。若是覺得很難判斷，可觀看食指是否到達中指指甲的根部，如果有的話就是標準長度。

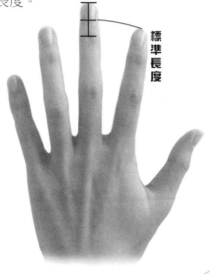

標準長度

(2)　若比中指第一節的正中央還多兩毫米左
　　　右，就是「長食指」。

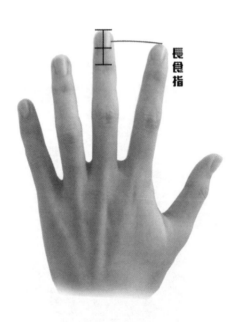

長食指

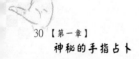

(3) 若比中指第一節的正中央還少兩毫米左右，就是「短食指」。

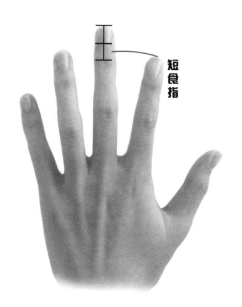

短食指

3、中指長度的判斷

(1) 測量中指的長度，首先以中指為測量的基準，先量手掌的縱向長度，以「10」為單位，接著量中指的長度。若以手掌的長度為「10」，中指長度是手掌的「7.5～8」，就是「標準中指」。

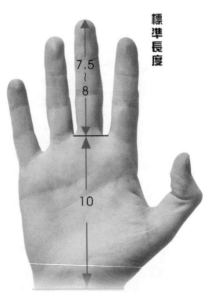

標準長度

7.5
～
8

10

(2) 中指長度多於手掌長度比例「8」或以上，就是「長中指」。

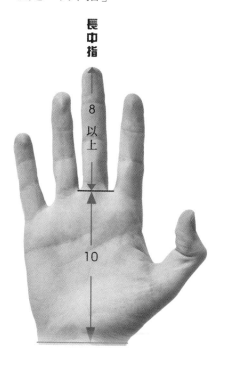

長中指

8
以
上

10

(3) 中指長度少於手掌長度比例「7.5」或以
下，就是「短中指」。

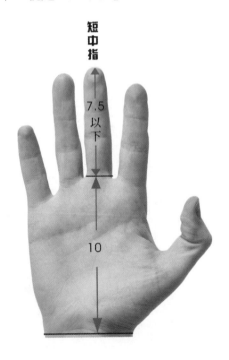

短中指

7.5
以下

10

【第一章】
神秘的手指占卜

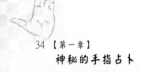

4、無名指長度的判斷

(1) 測量無名指的長度和食指一樣,中指與
    無名指併攏,從手背測量。無名指的長
    度如果落在中指第一節的前端三分之一
    處,就是「標準長度」。

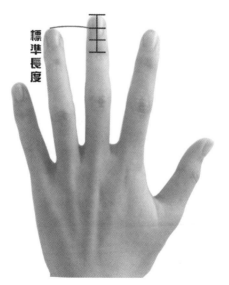

標準長度

(2) 如果比中指第一節的三分之一還更靠近
　　指尖，就是「長無名指」。

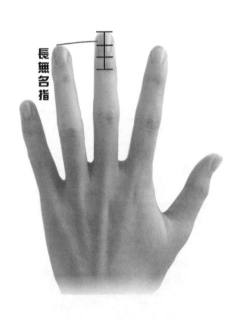

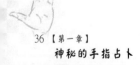

(3) 如果長度未到中指第一節的前端三分之
一處，就是「短無名指」。

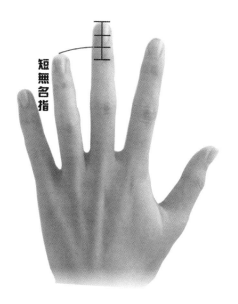

短無名指

5、小指長度的判斷

(1) 測量小指的長度需要五根手指併攏，從手背上測量小指的長度，如果小指的前端跟無名指第一節的皺褶部分對齊，就是「標準長度」。若差距很小，只有一毫米左右，一樣是標準長度。

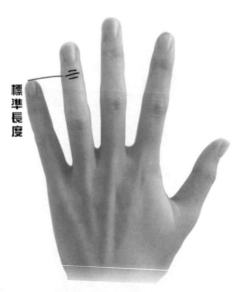

標準長度

(2) 若長兩毫米以上，就是「長小指」。

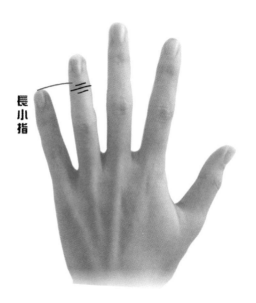

長小指

(3) 若短兩毫米以上，就是「短小指」。

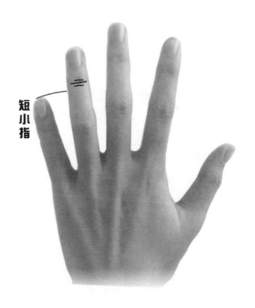

短小指

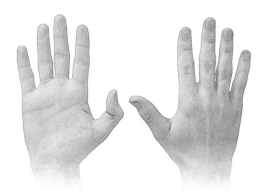

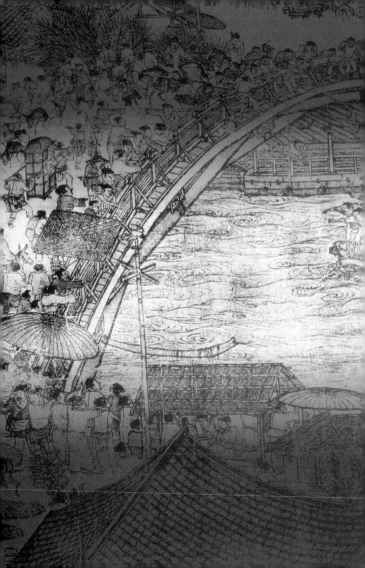

第二章

大拇指代表
的意義

一 探索大拇指神祕與特徵

1、大拇指的神祕性

在臺灣蓋印章的文化已經很普遍了，但是經常在重要事情上，也可以用「大拇指」押印來代替私章，它是以指紋來確認本人的方法，可見大拇指的獨特與重要性。

我們在誇獎稱讚他人的時候，都會豎起大拇指，它本來是一種西洋文化，表示「好」、「讚」的意思，更表示「太好了」、「太棒了」，這個手勢在臺灣也非常的流行與普遍；反之，大拇指朝下，表示「不好」、「遜」的意思，意即大拇指往上豎起時，就代表肯定，但若往下，就代表否定。

大拇指象徵的是外在的人格與反映內心行為，不同於其他手指相連在一起，大拇指是很獨立的，就連它彎曲的方向都和其他四根手指不同。只要靠著大拇指支撐使力，我們的手就能牢牢地抓住東西，正因為如此，在五根手指中，大拇指是最重要的，它代表了「外在的人格」。

2、大拇指的特徵

（1）大拇指短胖的個性

大拇指短短胖胖的人，具有溫和穩重的氣質，不會因為莽撞而使自己的感情過度爆發。在意志力方面，屬於莊重沉穩的類型，所以自己的意志也不會輕易動搖。如果大拇指又胖又長的話，代表擁

45

有能抓住成功機會的神祕力量。

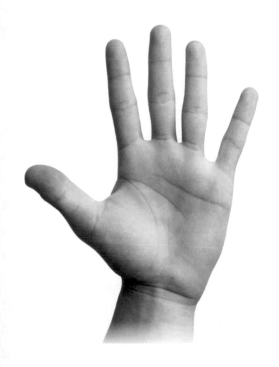

（2）大拇指的胖瘦論意志力的強弱

大拇指較細的人，容易表現出意志脆弱的一面，遇到困難的時候，動不動就會馬上放棄，所以比較不適合面對你爭我奪的社會型態；大拇指又細又短的人，就是超級標準的愛撒嬌；而細長大拇指的人，比較有神經質的傾向。若以大拇指的寬度來看，愈寬的人自我意識愈強，愈窄的人代表愈有智慧。

(3) 大拇指的前端論個人氣質

指尖呈現扁平，代表有單純氣質的傾向；若是細細尖尖的話，就是擁有高尚的品格；而指尖寬厚如扇形的人，其特徵就是比較固執。

(4) 大姆指的角度論人格的分布狀態

將大拇指瞬間用力張開，與食指所形成的角度若是直角，代表人格狀態取得良好的平衡，其意志力、理性、感性都能發揮得很好；如果小於90度或無法

張太開的話，代表人格上的功能不夠平衡，因為本身擁有的各種能力無法發揮其協調性，所以容易造成自己無法預測的失敗；若具有良好的柔軟度，可以張開到 90 度以上的人，代表臨機應變的能力很強，能夠衡量當下的狀況做適度的調整，並且控制自己的行為。

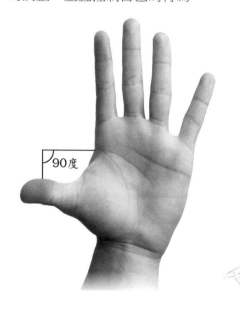

90度

49

大拇指各指節的意涵

1、意志

從指尖到第一個關節的部分，象徵意志的力量。此部位所佔的比例愈長的人，在處理事情時，愈能有堅持到最後的力量及意志力與耐心。

2、理性

判斷力及觀察力就隱藏在第二關節中，代表理性。此部位愈靈活的人，擁有愈多敏銳的理性，相對來說，意志力也可能會減少一些。

3、感性

連接手掌與第三關節的部分，代表感性。此部位隆起，而且很有彈性的話，就是感情豐富的人；而第三節較長的人，代表情緒管理做得很好；如果是軟綿綿沒有彈性的話，代表容易感情用事。

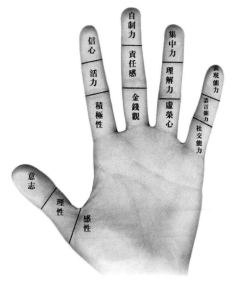

（三）標準拇指的冷靜穩重

標準拇指就是靈活度適中，不短也不長，每個指關節的長度分布都很標準，代表意志、理性與感性的調配都很均衡，這樣的人很堅強、可靠。

一旦決定了目標，就會開始一步步地計畫，冷靜沉著地堅持到最後一刻，而且能夠為他人著想，所以常得到別人的協助，在人際關係中，總是可以站在適當的位置，不會過於引人側目，但也不會被埋沒在團體中，會適度地讓人感受到他的存在。

擁有標準拇指的人，不會太過好強或是

情緒不穩定，基本上是冷靜穩重的類型，也沒有太強烈的感情高低起伏。但是當面對一個嚎啕大哭或是因為生氣而情緒不穩定的人時，可能因為他們的過度冷靜，對方會覺得他沒有同情心或冷眼旁觀。所以有時候需要稍微誇張一點的反應，才能避免一些無謂的麻煩。雖然標準拇指類型的人內心仍存有熱血因子，但看起來還是趨於冷漠。

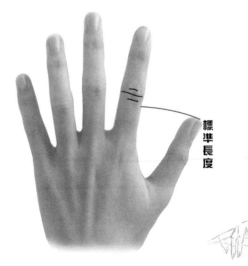

標準長度

長拇指的堅強意志

　　長拇指是屬於比較理智、意志力堅強的類型，這種人能夠聰明的克制、壓抑感情，冷靜地待人處世。現實主義者的你，社會環境的適應力很強，只要是到了你手中的事情，就一定有很高的成功率。只是過長的大拇指很容易使人變得頑固，因為總是把自己的意志、想法擺在第一順位，常常和周遭的人發生爭執，而因為過度倔強而吃虧的例子也不少。雖然腦筋轉得很快、很靈活，但也容易失去隨和的協調性。

　　觀察力十分敏銳，很懂得事物的本質及解決方法。但就是因為一意孤行只想貫徹自

己的意見，所以會與他人發生衝突。如果你覺得常常惹麻煩，那就稍微克制一下自己的任性。只要懂得退讓的道理，相信對方就會適時讓步。

　　因為擁有超強的意志力，所以愈是近在眼前唾手可得的目標，反而會適得其反；相較之下，愈困難崇高的目標，愈能做得好，是屬於抱持崇高理想才更能發揮能力的類型。

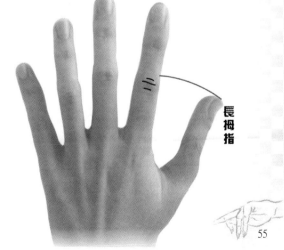

長拇指

55

五 短拇指的感性軟弱

　　短拇指是屬於容易變得軟弱，受感情左右的類型。常因為意志力不夠堅定而受到他人所影響，也不擅長陳述自己心中的想法，因而累積不少的壓力。

　　這種類型的人因為感性勝過理性，所以感情豐沛、淚腺發達、充滿同情心，所以要小心別人看透這點而利用你。擁有一顆溫柔慈悲的心，就算被騙也不會抱怨或反抗，通常會等到事後才找朋友大哭一場，敘述自己愚笨的行為，這都是短拇指類型的特徵。

　　喜歡撒嬌的個性，常常讓你無法下定決

心，雖然熱情滿分，但缺點是容易放棄，動機瞬間冷卻，這種人尤其容易在男女關係中產生問題。一下子就投入太多感情，所以受傷的幾乎總是自己，就算你心知肚明，但仍會被感情牽著鼻子走。因此你絕對需要一個任何事情都能找他商量的知心好友！

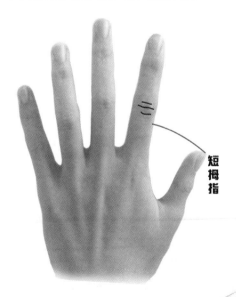

短拇指

第三章

食指代表的意義

探索食指神祕與特徵

1、食指的神祕性

　　「食指」這個名稱的真正來源要追溯到《春秋左氏傳》裡的某個故事。某一天，鄭國的公子姬宋看到自己的食指在動，便告訴身旁的人說：只要這根手指一動，就代表能享用高級佳餚，後來兩人一同前往鄭靈公的官廷，就那麼正好看到高級的鼈宴。

　　這段奇聞異事產生了「食指大動的成語故事」。原指有美味可吃的預兆，後來形容看到有好吃的東西而貪婪的樣子。食指象徵的是你自己，食指可用來指向東西、人、方

向。所以，食指可以暗示你將前往的方向，也隱含著你的自尊心。另外，也可從食指看出由自尊心帶來的上進心或支配慾。

有人把食指叫做「初指」、「第一指」，代表的是「最初」的意思。當我們在數數的時候，多數人都會先伸出食指開始數「1」，這也代表它是我們最在意的部分。有人也會以左右揮動食指，來表示「否定」或「不是」、「不行」、「不能」、「不對」，抑或將食指直立在嘴巴前面，代表安靜的訴求。

2、食指的特徵

（1）胖食指肉多代表的個性

食指肉多較胖的人，有較旺盛的權力及

支配慾。這樣的人在團體中顯得很亮眼，能夠發揮領導團體的才能。如果是又胖又長的話，相信在社會中十分活躍；而短又胖的人應小心，不能因為在小世界中稱王就自鳴得意。

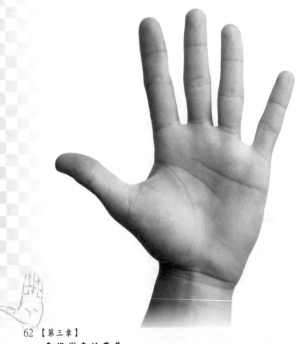

（2）纖細食指代表的個性

纖細瘦長的食指是體貼與和諧的象徵，他沒有太多支配的慾望，憑藉的是一顆為他人著想的心來領導人群。

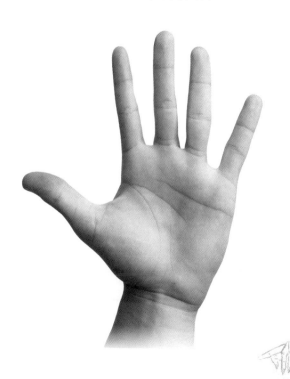

(3) 食指凹凸不平代表的個性

食指的關節較突出的人，雖然比較理性，但也是神經質的類型。因此，就算食指再長，如果指關節突出明顯的話，容易顯得比較消極。

（4）食指前端較尖代表的個性

食指的指尖纖細呈現尖尖的形狀，代表擁有非常好的靈感，並且可以憑藉這種靈感來做事。這種敏銳的直覺，使腦中總能浮現他人無法想到的點子，並加以執行，但是有時也會出現超乎常理的狀況。總之這種類型的人不會在乎權力或他人的評價，算是個奇特的人。

（5）理想的食指形狀

最理想的食指形狀是指尖略寬，呈現四方形，且肌肉稍多的標準長度。這一類型的人，有顆坦率的心及適度的上進心，而且能夠自我肯定，但也不至於因此傲慢自大。

食指各指節的意涵

1、信心

從指尖到第一個關節的第一節象徵自信的力量。此部位所佔的比例愈長的人，代表愈有堅定的信仰及自信；而較短的人，則容易感到迷惑與膽小。

2、活力

在第一關節與第二關節中間代表活力的強弱，愈長的人愈有毅力，愈短的人則較無精力而顯得自卑。

3、積極性

第三節是表示積極性的部分。第三節較長的人，代表能夠勇往直前；較短的人則容易出現消極的傾向。

PS：假設三個指節的長度都大致相等的話，就是擁有相信直覺、積極行動的力量，也有指導他人、發號施令的才能。但是很少有人這三個部位的長度都很平均，每個指節長度不同是很自然的，最重要的還是瞭解屬於自己的特性。

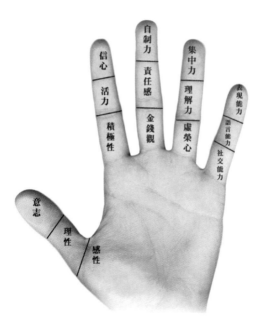

信心

活力

積極性

自制力

責任感

金錢觀

集中力

理解力

虛榮心

表現能力

語言能力

社交能力

意志

理性

感性

三
標準食指的隨和穩重

標準長度的食指是隨和穩重的類型，具有一定的自尊心，但也不會任人擺佈、左右。而且不會過度低聲下氣或氣餒，或誇大自己的豐功偉業而令人討厭，能夠顧慮到周遭的一切，所以具有很好的協調性。但是也不會刻意迎合他人拍馬屁，在重要的時刻仍能貫徹自己的初衷，屬於內心十分堅強的類型，能夠相信自己，所以不會輕易隨波逐流。

沒有太強的支配慾望，也不會強烈的命令別人遵從自己的意見，但是很討厭被人命令或無端地頤指氣使。擁有一顆上進的心，能夠靠著持續的努力與鍛鍊來增加自己的實

力，在團體或組織中可以吃得很開，也能習慣自己一人單獨行動。但是這樣的人常常對自己的自尊心毫不關心，導致可能會在無意識中意氣用事，所以平常待人處世或應對進退方面都應該保持低姿態為宜。

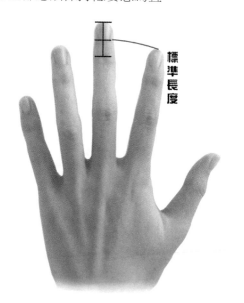

標準長度

71

長食指的蠻橫無理

四

食指的長度與自尊心的強度是成正比的。食指愈長，愈有頑固、自以為是的特性，但若是只比標準食指稍長一些的話，自尊心會轉變成正向的力量，能做出與其相稱的努力。如果你的食指已長到幾乎和中指一樣，要特別注意是否有蠻橫不講理的個性，也許在你眼中不過是件普通的事情，但給別人的感受可能就是任性。

其實長食指也不全是壞事，他為了不讓別人看見自己難堪的一面，反而會不斷地堅持繼續努力，私底下會認真打拼的類型。只要好好地善加利用這份自尊心，相信你的技

能或才藝可以更迅速的提升。

　　但是這類型的人一旦有了實力，就很容易自滿，或是把其他人看扁，所以要隨時記得謙虛，就能不受自尊心影響，獲得周遭的好評。

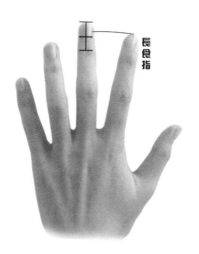

長食指

五 短食指的防禦消極

短食指的人對於一切事物都顯得很消極，因為由自尊心所建立的自信十分微弱，所以容易躲起來一個人獨自思考，不肯面對現實，反而導致原本應該到手的機會平白無故的溜走。

這類型的人也不是沒有上進心，但總在還未表現前，就有反正我就是辦不到的想法而自動放棄，負面的想法常常會掩飾想要努力的心情。因為凡事總想先看到結果，希望在一開始就能獲得評價，所以造成你的信心不夠而裹足不前，負面的情緒也不斷升高。所以不論任何事情，只要慢慢來，配合自己

的腳步，就能讓你擁有努力的勇氣。

　　短食指的人必須為自己創造信心的來源，對於任何事情，一定要有絕不認輸的心態，只要能擁有自信心，相信以往總是輕易錯過的機會將會重回到你的身邊，如此一來，必可抱持積極正面的態度，為自己指引人生的新方向。

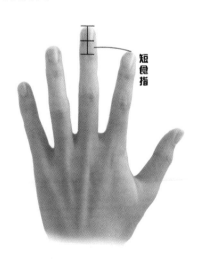

短食指

75

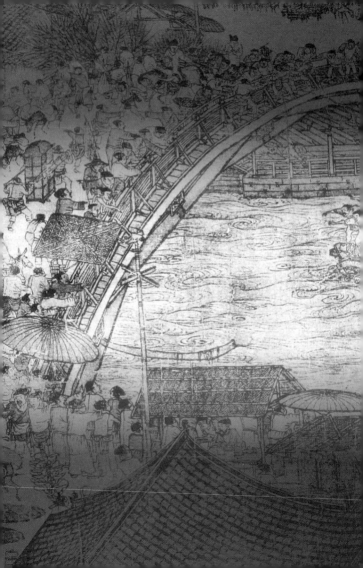

第四章

中指代表的意義

探索中指神祕與特徵

1、中指的神祕性

　　美國很多年輕人會比出握著拳頭豎起中指的手勢。握拳代表睪丸，而豎起的指頭則代表男性的生殖器。這個「fuck you」的手勢，已經深植美國人的心中，在臺灣也認為是一種性侮辱或是罵人的手勢。在中東各國，一樣有豎起中指的手勢，只不過他們不握拳，而是伸掌豎起中指，但是這也表示男性生殖器的意思，同樣是一種非常粗野的動作。

　　據說羅馬帝國初期的暴君凱撒皇帝，為了愚弄同性戀的部下，經常伸出中指讓同性

戀的部下輕吻。中指從古時候就被認為是男性生殖器的代表，當時則是用來表示同性戀的意思，所以對著別人豎起中指，你可能會因此惹上麻煩。

手相學中指下方稱為「土星丘」，右手的中指能夠去除邪氣，左手的中指可以改善人際關係，只要在左手或右手的中指戴上戒指，就會有提升運勢的作用。五根手指中最長的是中指，其高高在上的姿態有如山峰的頂點，就是比其他手指高出一截，從中指可以看出，當你面對現實狀況時，會採取什麼樣的態度，做出怎樣的判斷，是否有執行能力等，表示中指就是強烈顯示「工作運」的手指。

2、中指的特徵

(1) 中指肌肉多寡論成功與否

纖細漂亮的中指，代表誠實坦率，屬於直腸子的人，能夠為你帶來不錯的工作運；反之，關節突出明顯，略帶彎曲的人，在社會中的適應能力較低，想要輕鬆賺大錢時，就會忍不住去從事投機的理財方式而導致失敗，所以一定要腳踏實地才是上策。

（2）中指指尖為四方形代表的個性

中指的前端呈現四方形的人，是常識及執行能力都很強的象徵。待人處世非常認真，深受他人的信賴，這種人無論中指長短，內心都會確實遵守常理，因而在現實社會中得到良好的評價。

（3）中指指尖寬廣代表的個性

中指前端往外擴張呈現較寬的人，有時候會太過認真而不通情理，會讓人覺得你過度拘泥於形式，較不懂得變通。

（4）中指指尖纖細代表的個性

中指的指尖若呈現又細又尖的形狀，代表不會只按照理論或常識來考慮行事，而是依靠直覺來做事，而且又能夠順利成功的類型，屬於不拘泥小節的奇特人物。

中指各指節的意涵

1、自制力

第一節代表對自己的自制力。此部位所佔比例愈長的人，代表愈有及時踩剎車的能力；而愈短的人，則容易跑在他人前面出風頭。

2、責任感

第二節是代表責任感。愈長的人愈有堅持到最後關頭的責任心，但也因此顯得警戒心特別強；反之，較短的人，則容易變成悠哉的樂天派，喜歡說好聽的話，但是不太有責任感，容易把事情想得太簡單。

3、金錢觀

第三節暗示你的金錢觀。較長的人代表十分節儉，能夠緊緊的看住自己的荷包；比較短的人，有時候會大肆請客，瘋狂購物，到最後往往會造成入不敷出的窘境。

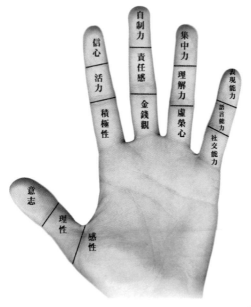

三 標準中指的柔軟身段

標準中指是有常識，而且身段柔軟的人，在任何職場或人際互動關係上，都能夠很輕易的融入團體，除了會看場合及他人的臉色之外，也不會只把目光放在眼前，而是能夠考慮到未來付諸行動的人，只要下定決心，一定會貫徹到底。但並不是那種會拼了老命認真工作的類型，這種人會覺得，工作只要能保障基本的生活就足夠了，所以不會做出過度勉強自己的事情或工作。上司所指派的任務，當然會負起責任好好去完成，但也不會主動積極爭取機會。

在團體的人際關係中，如果是一定得發表意見的場合，便會率先開啟話題，如果其他人正在說話，場面已經炒得很熱時，你就不會冒昧的去搶風頭，是個具備常識的人，於公於私都能取得良好的平衡。

在穩定的人際關係或職場中，可以怡然自得，按照自己的想法去發揮；若是在不穩定的環境下，則會有步調紊亂的狀況發生，所以比較適合選擇牢靠踏實的職場。

標準長度

7.5～8

10

長中指的高傲固執

（四）

　　中指較長的人是屬於不輕易妥協的類型，在處理人際關係的時候，即使受到他人的反對，也不會改變自己的意見，總是一直在小地方堅持己見，而容易被孤立。

　　若中指比例是手掌長度的 80%～ 90% 以內，此人具有自立自強的特性，這種個性的魅力說不定也會吸引他人，有領袖特質，無論是在組織中或是個人方面，都可以展現自己的存在感。但若是比例在 90% 以上的話，就容易變得過度固執或神經質，導致無法展現自己本身的能力，易招來更多的衝突。

中指愈長的人愈能夠深思熟慮，但是也可能會在你埋首苦思的同時，不小心錯失大好機會，讓時間稍縱即逝。所以要養成早一步做出判斷的習慣，時時告誡自己：心動不如實際行動！若只是一味的固執己見，很容易變得孤芳自賞，多傾聽他人的意見及看法，相信將可獲得更多支持的聲音。

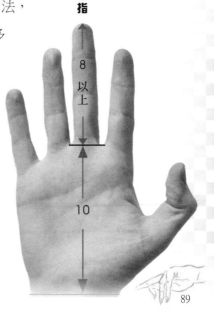

長中指

8
以
上

10

短中指的敏捷行動

　　短中指是具有敏捷實踐力的類型，判斷迅速是其擅長處世的原則。只要確立了目標，就會立刻勇往直前，奮力奔向終點，只是也因此容易造成搶出風頭的傾向，思慮略欠周詳，常有貿然決定的衝動，屬於比較莽撞的個性。

　　在團體中充滿元氣的你會負責炒熱現場的氣氛，在舉辦休閒娛樂或活動的時候，你具備了中心人物的特性，唯一的問題是情緒像天氣一樣喜怒無常，有時候決定事情的是自己，但中途改變心意或放棄的人也是自己，常常無法控制自己的衝動。

在職場上充滿幹勁，負責認真，能很快獲得升遷的機會。只不過會因此而得意忘形，沒注意身邊的陷阱，反而有可能會適得其反，謹慎小心才能確保你的職場生涯。此外在團隊工作方面，獨立行事更能發揮你的見識與智慧，如果還是待在團體內，凡事愛搶第一的你一定要學習克制自己，才能與團體合而為一。

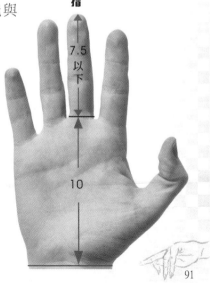

短中指

7.5以下

10

第五章

無名指代表
的意義

一 探索無名指神祕與特徵

1、無名指的神祕性

無名指有「口紅指」的別稱，因為以前的人會用無名指來塗口紅，如今在左手的無名指戴上訂婚戒指或結婚戒指，已經是世界各國十分普遍的習慣了，所以無名指又稱為「戒指指」。這是從前的古埃及與古羅馬時代，大家認為左手的無名指是透過血管直接與心臟相連，代表感情的心臟就是「心」的象徵，並與愛情相連結，因此才會將戒指套在左手的無名指上。

另外還有亞當與夏娃的故事，傳聞當初

兩人在分離之際，直到最後一刻仍緊緊牽在一起的就是左手的無名指。所以左手的無名指也代表了男女之間的關係。

不僅中文和日文有「無名指」的稱呼，包括印度、俄羅斯、蒙古、北歐等地的語言中，也都有「沒名字的手指」的說法。由此可見，無名指跨越了文化的隔閡，被世界各地的人視為奇特的手指。無名指是五根手指中自由活動力最低的，我們很難只利用單獨一根無名指來做事，正因為其特殊性，無名指才會被大家認為具有神奇的力量。

無名指潛藏著審美觀與感性，也就是藝術方面的才能；而內心的強弱，神經的粗細，對名譽和評價的在乎程度、美感等，也都顯示在無名指上。

2、無名指的特徵

（1）纖細筆直的無名指代表的個性

纖細又筆直的無名指代表美的象徵，除了給人良好的印象之外，亦代表你擁有藝術家的氣質。但有時候對於美麗事物過度執著的你，常常不輕易認輸，平常雖然大方穩重，但若是無法順應自己的意思，暴躁之性一樣會瞬間爆發，所以偶爾會讓人感覺難以伺候。

(2) 指尖較細的無名指代表的個性

前端又細又尖的人，擁有精準判斷物品價值的能力，你能夠一眼就看出物品的好壞，甚至能看穿它是否值這個價錢，所以你是絕對不會吃虧的，你的審美觀可以在金錢及物質觀上發揮作用。

（3）指尖四方形的無名指代表的個性

四方形的指尖對金錢的觀念十分敏銳，是不花冤枉錢就能讓好東西輕鬆入袋的人；反之，呈現圓形、扁平狀的指尖，則是代表你有較高的藝術才能，但因為將重心放在美感上，所以在金錢方面就顯得遲鈍了些。

（4）粗壯結實又長的無名指所代表的個性

又胖又結實的長無名指，代表此人的男性特質稍強一些，任事積極，運動能力也較佳。此外具備獨特性，在一些競爭中多能脫穎而出，強烈顯示出你在藝術方面的活躍，而且能獲得好評。

（5）骨頭明顯突出的無名指代表的個性

沒有太多肌肉，而且指關節的骨頭明顯突出的人，無論長或短，會讓與其相對應的缺點更加明顯。若是標準長度的無名指，雖然天真純潔的特色會更外顯，但也容易感到挫折，所以遇事不要操之過急，好好地按照自己的速度進行即可。

二 無名指各指節的意涵

1、集中力

第一節代表你的集中力。此部位愈長的人，表示擁有專長技藝，愈能夠徹底專研事物的內涵；反之，較短的人耐性不足，導致無法發揮應有的專業。

2、理解力

第二節象徵著理解力。愈長的人對於美及藝術相關的東西愈有較深的理解能力，愈短的人則常常不管眼前的狀況，只會在自己的腦中不停幻想。

3、虛榮心

　　第三節代表你的虛榮心。如果三個指節的比例大約相等，且第三節的長度也很標準的話，代表你擁有一定的存在感，並非過分顯眼而招妒的類型。第三節較長的人，喜歡受到他人的注意，也因此較能夠抓住成功的訣竅。較短的人，不喜歡自己的曝光率過高，總愛隱身於他人的背後，若是叫你站在眾人面前，你會有強烈的抗拒感，這種人容易將自己的感性與品味埋沒。

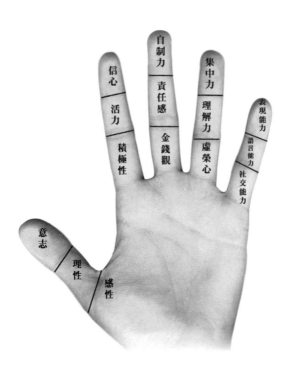

自制力
責任感
金錢觀

集中力
理解力
虛榮心

信心
活力
積極性

表現能力
語言能力
社交能力

意志
理性
感性

103

三

標準無名指的平凡中庸

標準無名指是個性不明顯的中庸派,不會與世間的一般標準相差太遠,對於流行的事物也能跟上腳步,雖然你的品味並沒有特別出眾,但也絕對不是土裡土氣。

對審美觀念並不會過度在意,所以流行服飾、配件,或是室內擺設裝潢,只要是自己喜歡的,就不太會去計較是不是名牌。懂得看場合挑選衣服的你,衣櫥裡都會有幾件特別場合時要穿的衣服,但是因為平常很少穿,所以當穿上它的時候,難免讓人有不協調的感覺。

你對於彩妝或流行的品味並不差，所以平時多做功課絕對是有好處的，相信你也可以表現自己的個性美，不需要一味的隨波逐流，只要在流行的脈動中跟上腳步，把重點放在思考上就是最適合自己了！

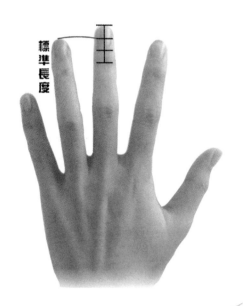

標準長度

（四）長無名指的審美敏銳

　　長無名指是超級有個性的愛現派，敏銳審美觀的最佳代表。對於美好的事物非常敏感，這種敏銳的感受力也會表現在名譽及名聲上，所以希望獲得認同的心情也總是比別人多出一倍。如果只是比標準無名指稍微長一點點的話，你的美感及感性恰好能讓你拓展人生的視野，也更容易獲得成功，並且在藝術領域的活躍是值得期待的。如果無名指已經長到和中指一樣，甚至是比中指還長的人，就要特別小心，雖然你具有很強的感受力，卻可能會利用這點來表現自己，強烈的想要飛黃騰達、好高騖遠，過於利慾薰心的

結果，反而會讓你從高處跌得很慘。

你那極富特色的品味，會讓你在眾人之中特別顯眼，艷麗耀眼的你，讓人無法忽略你的存在，所以大家都會對你留下很深刻的印象。即使沒有特別裝扮，也足夠展現自己的品味，所以最好別再打扮得太誇張，試著穩重收斂一點吧！

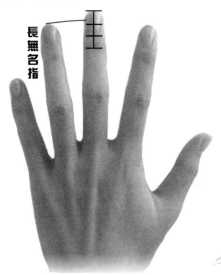

長無名指

五

短無名指的糊塗特質

短無名指是無法察覺自身素質的糊塗派，對於藝術方面的感受力稍微弱了一點。以為本身已經具備美的特質，所以對外表的美醜關心度並不高，因此不太會積極地去培養自己的美感。

自然不做作的你，雖具有純真自然的美，但是用來包裝這份美麗的外在流行服飾或配件，選擇上常常過於隨便。彩妝部分也是心血來潮才偶爾畫一下，平時也沒有太多研究，所以無法發揮自身的優點。

你並不會想要在眾人中顯得耀眼，所以

儘管沒有人注意到你也覺得無所謂。如果你的無名指非常短，甚至比食指還要短的話，上述現象可能會變成一種怪僻，你應該做的是培養對流行、藝術、美術等課題的興趣與樂趣，藉此改變自己的想法。不要覺得很麻煩，試著多到外面走走，看看一些美麗的風景，閱讀一些流行雜誌，相信會對自己有加分的作用。

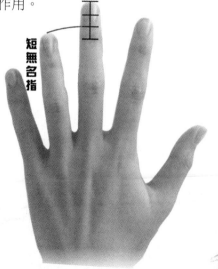

短無名指

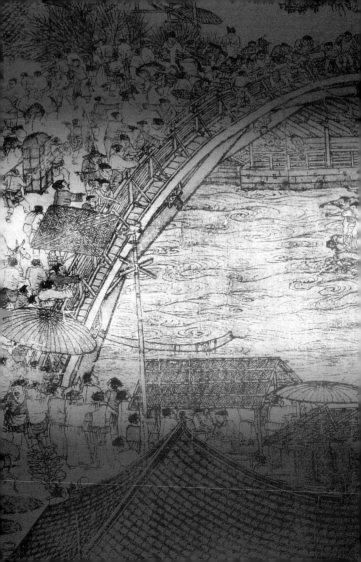

第六章

小指代表的意義

探索小指神祕與特徵

1、小指的神祕性

我們會以「打勾小指壓印大拇指」的方式來和別人打賭或是約定事情。在電影情節中，會看到以切斷自己的小指以示負責或謝罪，我們稱之為「斷指」，因此這也算是一種為了表示誠意，而將自己的小指送給對方的案例。

也有人稱小指為「季指」，因為「季」字與「末」字有相同的意思，如季春、季夏、季秋、季冬，分別代表三月、六月、九月、十二月。小指由於小巧可愛，因此才會令人

更加疼惜，如同家中的老么，因為年紀最小也總是備受寵愛一般。在許多故事裡面，老么總是十分活躍，或是能得到加倍的幸福，這也是因為他們一直受到比別人更多呵護的關係。在格林童話《七隻烏鴉》的故事中，老么妹妹的小指最後也成了拯救哥哥們的那把鑰匙，由此可見，雖然是最末端、最小的東西，卻代表它擁有最神秘的力量。

小指也有「嬰兒指」的別稱，代表它在五根手指中是最柔弱、最細小的。不過儘管小指是最不靈活的，但暗示著一些潛在的東西，像機智、思慮、語言能力等，這些內在的人格都隱藏在小指中。

大拇指與小指正好在相反的位置，也就分別代表外在及內在，所以外顯的個性及內

在不為人知的性格，就是由這兩根手指所構成的。若各個指節的長度平均相等，代表你的內在十分穩定，可以和別人做好良性溝通，無論和誰都能輕易的成為好朋友。

2、小指的特徵

（1）肉多粗壯的小指代表的個性

肌肉很多，而且粗細甚至不輸給其他指頭的小指，代表此人受到父母親或祖先的遺傳及影響較多，包括個性亦是。是故你的父母或祖父母有一些慢性疾病，也請你自己要多加注意，不要覺得自己現在的身體很健康就疏忽了，最好還是需要定期接受健康檢查。

（2）纖細小指代表的個性

纖細小拇指的人，會有細心體貼及敏銳的直覺，但是有時因為過度使用高深的文學表現手法，對方反而可能無法瞭解你想表達的意思，所以必須適當斟酌。

（3）指尖呈現四方形的小指代表的個性

指頭的前端是四方形的人，比較會講道
理，擁有高超的談判手腕，能夠利用自
己的說話技巧來控制目前的步調，其中
也會利用各種拉攏的方式，甚至可以把
黑的講成白的，具有十分危險的才能。

（4）形狀怪異、不平整的小指

　　代表的個性

　　指尖或手指根部很粗，纖細卻不夠筆直的小指，代表此人的談判手腕較差，因為你不善於利用言語來表達，所以常常使得自己的立場站不住，必須要努力展現自己更多的氣勢，藉此隱藏自己的弱點。

（5）過短的小指要注意

小指暗示著你遺傳來的形態與特質，如果你的小指與其他手指相比，呈現十分不靈活的狀態，或是手指併攏後的小指會給人不自然的印象，建議你應該到醫院做個健康檢查，尤其是父母或親屬中有相同病史時，更應該特別小心才是。

二　小指各指節的意涵

1、表現能力

　　第一節代表你的表現能力，第一節較長的人，能夠用各種豐富的表現方式來說出自己內心所想的事情，會傳送一些甜蜜浪漫的簡訊或電子郵件的就是這類型的人。

2、語言能力

　　第二節代表你的語言能力，愈長的人表示說出來的話愈有深度，愈短的人則只會講一些很淺薄或表面的事物而容易失敗。

3、社交能力

第三節代表你的社交能力，這部位較長的人，多能發揮說話的才能；反之，此部位較短的人，通常只是喜歡招搖撞騙罷了！

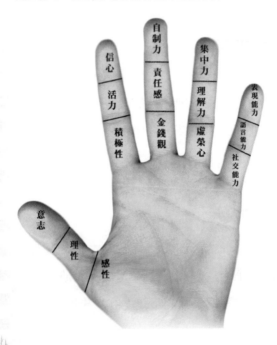

標準小指的穩重圓柔

　　標準小指是內心安定，散發穩重氣質的人，所以能夠擁有圓滑細柔的人際關係，不喜歡與他人發生衝突，但是也不喜歡太過於冷漠的關係。你的穩重能夠使你與他人之間保持一個適度的距離，因為你的社交能力很好，只要有適當的機緣，你的朋友就會增加，但是你並不會過於主動積極地製造認識他人的機會。

　　你與他人的關係比較淡薄，雖然不會引發衝突，但也因此很難有真正稱得上知心的好友。追求安全感的你，對於投入一份新的人際關係多少會有一些抗拒感，這種人比較

乾脆爽快，所以一旦當了朋友就是一輩子，能夠和青梅竹馬的朋友一直保持聯繫的，就是這種類型的人。你經營自己的能力稍嫌不足，如果一直保持沉默的話，小心你的存在感會漸漸消失，所以還是要試著對周遭的人表達自己的想法或意見。

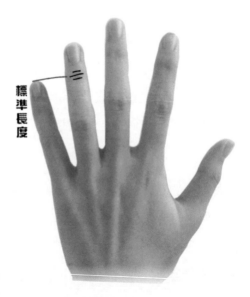

標準長度

長小指的服務熱誠

　　長小指表示你服務精神滿分，擁有很好的交際手腕。或許自己並沒有察覺，但是在你講話時，自然流露出的光彩總是能吸引眾人的目光，是可以適當掌握聽眾情緒的類型。

　　與無名指的長度相差不遠或甚至是長過無名指，則溝通交際能力就可能會得到反效果，造成你的服務奉獻精神過度，儘管不是故意的，也會不小心對他人說謊，而沉迷於玩弄計策之中。雖然很容易拓展自己的交友圈，但也常被他人誤解，導致真正瞭解你的人將會愈來愈少。所以不要一心只想炒熱當

下的氣氛，試著將最真誠的自己呈現在大家
眼前，注意自己動不動就誇大的表現手法，
以及故意搞笑或搞怪的壞習慣。只要稍微收
斂一點，以誠實的心來對待他人，相信你一
定可以得到許多朋友的眷顧，再加上你善於
經營自己的能力，真正瞭解你內心想法的好
友與知己也會跟著增加。

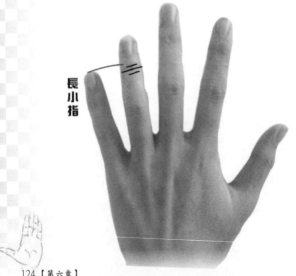

長小指

五 短小指的含蓄保守

短小指的人對周遭環境擁有非常好的適應力，能夠臨機應變，無論對方是誰都能做好應對，具有社交能力，但也因為善於配合他人，常會迫不得已的偽裝自己。

人際關係所涉及的範圍及人數容易不斷擴增，無形中也成為你的壓力來源，因為你在經營自己這方面，顯得比較含蓄保守，所以與他人的關係也都僅流於形式，即所謂的點頭之交，因此你沒有知心的朋友，屬於寂寞的類型。

小指愈短的人，上述的情況就愈加嚴

125

重。缺乏表現能力的你，有時也無法完整來
表達自己的意見，甚至因此在心底累積了不
少抱怨及壓力，而漸漸的覺得與他人溝通是
件麻煩的差事，若你是這樣的人，就不用勉
強自己融入社交圈。你並不擅長待人處世之
道，所以只要結交幾個能讓你感到自在舒服
的朋友就夠了，在輕鬆和諧的氣氛中，你才
能適時去表現自己，並從中獲得真正知心的
朋友。因此配合度高卻造成自身負擔的你，
首先要做的就是瞭解自己這方面的個性。

小指代表的意義

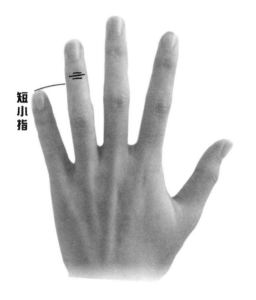

短小指

127

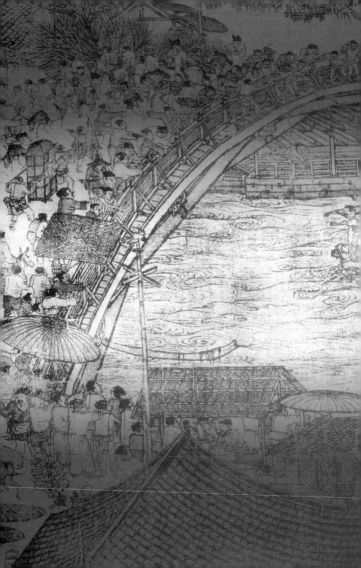

大拇指與
食指的
互動關係

第七章

大拇指與食指的
互動關係

　　從大拇指與食指可以知道你在待人處事方面的能力，以及你在他人面前的行為舉止，這兩根手指不同的長短比例，會影響你與他人的交際模式。大拇指還能夠看出你的意志力強弱及理性的觀感，瞭解你在別人眼中是什麼樣子。

　　在五根手指中，只有大拇指長在不同的地方，而且是和其他四根手指面對面相望的，所以大拇指是很顯眼而且極富特徵的手指，大拇指可以代表你的「外在人格」，象

徵著在他人眼中所看見的你。因此大拇指能幫助你客觀的瞭解你從來都沒有發現的另一個自己,而在大拇指旁邊的食指,它所代表的是「自尊心」,當我們要利用手指表示「一個人」或「第一」的時候,以及要指向某人或某物時,所使用的就是食指。由此可見,食指象徵著自己的意志及方向性。總而言之,食指可以顯示你希望自己在別人眼中是什麼樣子,以及你在別人面前的行為舉止。

大拇指及食指的組合可以告訴我們,自己在待人處事方面的立場及姿態,不僅能夠看出你與朋友的關係,還可以瞭解你在團體中扮演何種角色,並且知道什麼樣的人才是最適合你的知心好友。

大拇指 & 食指的九種組合

　　大拇指及食指是瞭解你與他人關係的線索。在五根手指中，只有大拇指長在不同的地方，而且是和其他四根手指面對面相望的，所以大拇指是很顯眼，而且極富特徵的手指。大拇指可以代表你的「外在人格」，也就象徵著在他人眼中所看見的你，因此大拇指能幫助你客觀的瞭解你從來都沒有發現的另一個自己。

　　大拇指鄰居的食指，它所代表的是「自尊心」。當我們要利用手指表示一個人或第

一的意思，以及要指向某人或某物時，所使用的就是食指，由此可見食指象徵著自己的意志及方向性。總而言之食指可以顯示你希望自己在別人眼中是什麼樣子，以及你在別人面前的行為舉止。

　　大拇指及食指的組合可以告訴我們，自己在待人處事方面的立場及姿態，它們不僅能夠看出你與朋友之間的關係，還可以瞭解在團體中你扮演何種角色。另外什麼樣的人，才是最適合你的知心好友，也能從這兩根手指知道。

二 大拇指與食指的特徵

1、大拇指的特徵

（1）標準拇指

是具有安定感可靠的人，你的意志力、理性及感性都能取得最佳平衡，屬於穩重沉著的類型。基本上，冷靜的你無太大的情緒起伏，所以可能會令人覺得有些冷淡。

（2）長拇指

是個意志力堅強的頑固傢伙，十分理性且意志力堅強的類型，你可以極為冷靜的處理事情，但是也代表你是頑固不化

的人，容易與周遭的人發生衝突。

（3）短拇指

感性的撒嬌鬼，容易受到感情左右的軟弱類型。感情豐富的你有一顆溫柔體貼的心，美中不足的是你愛撒嬌的個性，常會使你無法果斷的做出決定。

2、食指的特徵

（1）標準食指

隨和穩重的類型，外表十分隨和的你，內心卻格外堅強。很有上進心的你，是能一步步持續努力的類型，在團體或組織中能夠與大家相處融洽，但並不會隨波逐流，甚至一人單獨行事也能輕鬆勝任。

（2）**長食指**

容易受自尊心擺佈的類型。食指愈長的
人愈頑固，還自以為是，因為自尊心頗
高，愛面子的你會督促自己必須不斷努
力，但是容易自滿與看扁他人是你的缺
點。

（3）**短食指**

躲在角落的吃虧類型。對所有事物都消
極對待的類型，因為缺乏自信而常躲在
角落獨自思索，若能好好配合自己的步
調，相信你就可以拿出努力的精神。

大拇指與食指的互動關係

標準拇指 & 標準食指

　　你非常清楚在他人面前應該怎麼做，所以你能取得良好的平衡感，與朋友的關係也非常穩定，不但能理解對方的心思，還可以確實表達自己的意見，與他人建立起對等的關係，只要對方不會太過任性或固執，你就能接受並寬容。基本上，你對於他人的事情不會插手或發表太多個人意見，同樣的對於自己的事情，當然也不希望對方插手管你，或是說一些風涼話，因此與朋友之間稍微保持了一些距離，能夠和大家打成一片，但是很難有根深蒂固的情誼。

　　在團體中，你總是站在最中間的適當位

置，並非完全融入其中，但也不是保持疏遠
的關係，因為你總是與他人保持一點適當的
距離，所以是最沒有爭議的人。你能夠公平
的對待每一個人，並且擁有冷靜沉著的個
性，所以應該常會有人請你擔任調停或排解
糾紛的工作，這種類型的人是最容易獲得別
人的信任，與個性直爽、率真的人會比較投
緣。

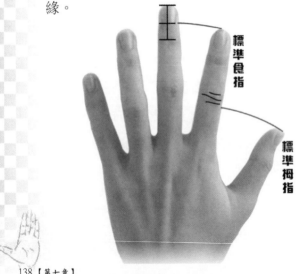

標準食指

標準拇指

【第七章】
大拇指與食指的互動關係

標準拇指 & 長食指

外表看似隨和的人，其實內心的自我意識很強，不太喜歡對方過度干涉你的事情，因此你與朋友的情誼通常僅止於點頭之交，除非是能夠真正瞭解你，否則很難與對方發展出更深的情誼。你對他人的防備心很強，會刻意與對方保持一定的距離，所以你在別人眼中的印象，應該屬於非常冷漠的類型；但是對於親密的朋友或另一半，你會很真實的呈現自己內心的那一面，所以與你親近的人反而會覺得你是愛撒嬌的人。

你會用最安全的方式與大家維繫關係，所以握有一定的人脈，只是在團體中常常因

為自己的意見無法獲得實行，而累積不少的壓力。你需要的是更輕鬆的觀看待每件事，只要你能敞開自己的心胸，相信對方也會張開雙臂歡迎你。如果周遭能夠出現認同自己並誠實對待自己的人，你就不會對他產生戒心，如此一來也能與對方成為深交的好朋友。

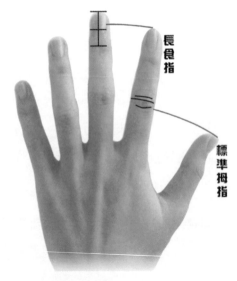

長食指

標準拇指

大拇指與食指的互動關係

標準拇指 & 短食指

　　表面看似冷靜的你，其實內心總是提心吊膽，惴惴不安，在朋友面前，你總是努力維持自己的存在感，但是另一面其實隱藏著你害怕面對人際關係的恐懼，這樣的你常常會顯得太過冷淡，所以人際關係之間的互動，對你來說通常是一種壓力。

　　這種人容易為了隱藏、遮掩自己脆弱的部分，對外築起警戒的高牆，所以和朋友的關係很表面，很難有深交的知心朋友。這種淡然的交友方式不會產生太多問題，雖然平安穩定，但是無法從中獲得更多的東西，也就是友情。

外表和藹可親的你，在外的風評絕對不差，但是仍會給別人難以親近的印象，尤其是在團體中，常常會讓他人感覺不到你的存在，不太顯眼的你，天生就無法受到大家的關照，屬於吃虧的個性，只要能夠稍加用心經營自己，相信就能輕鬆的交朋友。你所需要的是能牢牢牽住你雙手的朋友，就算對方採取稍微強迫的態度，只要他能進入你的世界，相信就會為你帶來更豐富的人生。

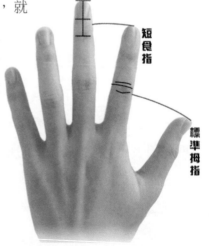

短食指

標準拇指

大拇指與食指的互動關係

六

長拇指 & 標準食指

　　你會確實表達自己的主張，但並不是那種獨斷獨行的作風，也不會因為任性而使周遭的人感到困擾。能夠適當去衡量當下狀況及對方情緒的你，具備了冷靜、沉著的判斷能力，在不傷害對方的前提下，你總是可以就事論事，清楚表明自己的立場。你強烈希望與他人是公平對等的關係，所以喜歡撒嬌的人對你難免會產生距離感，因此無法從他人身上獲得的情誼，就會轉移到自己的好朋友身上，所以你與朋友的情誼比較深厚。

　　在組織或團體中，你給人的印象屬於稍微難搞的類型，雖然你不會感情用事，能夠

143

穩重沉著的應對，但是遇到自己不喜歡的事情，仍會大聲說出來並堅持己見。所以雖然你很懂得掌握當下的狀況，但也不會任憑他人擺佈，因此有時候會被他人視為頑固的傢伙。當你嗅到空氣中的火藥味時，應該早一步抽身以明哲保身，才能避免不必要的麻煩與困擾。這種類型的人適合交往的對象，應是同樣具有理性氣質的人，如果對方在理性之外，兼具感情豐富的一面，相信你們將能發展出更深厚的友誼。

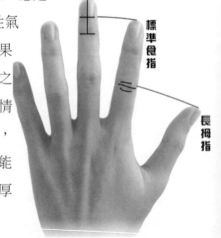

標準食指

長拇指

長拇指 & 長食指

　　自尊心強且意志力高的你，在骨氣與鬥志方面絕對不輸給任何人，雖然能夠獲得大家的認同，但是在人際關係中會感受到極大的壓力，討厭私下串通作風的你，個人的交友圈有較狹窄的傾向。如果參加集體行動，要不就是不分公私保持中立的態度，不然就是極力偏袒與自己要好的一方。因為你不會勉強自己去配合現場的氣氛，所以在團體中特別容易引人注意，這樣的你還是適合人數較少的小團體行動。

　　對待朋友總是光明磊落的你，雖然會有一點自以為是，但能像大姐姐一樣照顧別

145

人，因此通常會站在比對方強勢的立場。就算對方比你年長，你也敢直接說出反對意見，甚至產生敵對的意識。你的個性屬於我行我素的類型，容易有被孤立的現象。所以應試著結交一些隨時能談心的朋友，能在雙方的關係中表現最真實、不做作的自己，對於個性純真且無惡意的人，你較能坦誠以對。

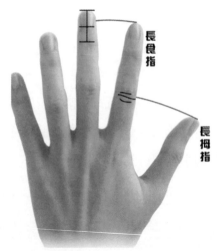

長食指

長拇指

大拇指與食指的互動關係

長拇指 & 短食指

你總是埋沒自己的獨特性，在他人面前無法發揮自己的特色，外表文靜又穩重的你，內心蘊藏著豐沛的感情是無法用言語及態度來表達的。儘管你看起來一副漠不關心的樣子，但其實心裡有著起伏不定的澎湃情緒，看似毫不在乎的你，卻容易為小事煩惱，或因為他人的一句話而受傷。將這些事情一直放在心上的你，在人際關係上容易顯得消極，你為了隱藏這些弱點，而展現出理性一面，使朋友間的情誼顯得十分脆弱，一旦與他人發生衝突，或是氣氛鬧僵，你會主動保持距離，並漸漸開始疏遠。

在團體中的你，不希望自己太過顯眼，只求能安穩度日就好，其實本質上，你擁有強烈的自我主張，如果硬要配合他人就會讓你感到十分痛苦。因此你渴望無須勉強配合別人，就能擁有良好的人際關係。適合你的朋友對象應是對你要求不多且穩重大方的人。如此一來，相信你必能和對方交心，在淡淡的關係中尋求互相理解。

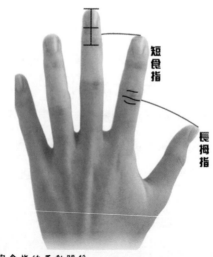

短食指

長拇指

大拇指與食指的互動關係

短拇指＆標準食指

　　能夠擁有許多感情要好的朋友，是配合度極高的撒嬌鬼，總會在不經意間，讓事情順著自己所想的方向進行。另外感情豐富的你，對於有困難的人絕對不會棄而不顧；好惡分明的你並不會笑顏對待每一個人，雖然會很親切地對待一些特定的好朋友，但是面對自己討厭的人或是覺得難以應付的對象時，就會與其劃清界線，離他遠遠的。你認為不需要勉強自己去交朋友或刻意迎合別人，正因為如此，你的交友圈會略嫌狹隘。

　　對於團體中的事情，你並不會太過堅持，雖然你會適當的配合大家，但是若遇到

自己不順心的事或看不順眼的人，你就會立刻保持距離，如果硬要勉強自己配合對方，你很有可能就會成為引發問題的主角。雖然你有一定的理智，但仍是會在不自覺中變得任性，只要在這點上多加注意，相信你的朋友就會自然增加。你與大姐姐型的人非常投緣，所以若能藉著這種類型的人拓展人脈，在社會上應該會有更高的活躍度。

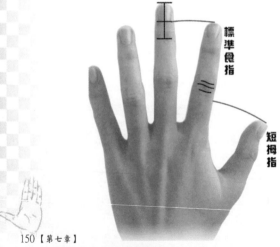

標準食指

短拇指

大拇指與食指的互動關係

短拇指 & 長食指

你的自尊心作祟，常常使得自己備受折騰，就算理智告訴你這樣不對，自尊心也會使你無法克制自己的感情，堅持己見並強迫對方接受自己的主張，但是如果刻意收斂這份情緒的話，反而會對朋友這層關係感到痛苦。像脫韁野馬的你，通常只會尋求能接受自己的朋友，這樣的你在團體中容易上演獨角戲，並且常常引發麻煩。你在朋友的眼中，雖然表面上看似很會炒熱氣氛，但是也意味著你有像小朋友般不成熟的個性，試著多多增廣見聞，不要只以自己為世界的中心，養成從他人立場出發，接受對方的習慣。

平常總是處於亢奮情緒的你，更應注意情緒低落的時候，因為你的自尊心很強，所以一旦感到氣餒，就容易自暴自棄，因而失去自己重要的朋友。發生這種狀況時，在自己情緒穩定下來以前，應該先學著自己一人獨自忍耐！穩重踏實且兼具母性特質的溫柔且又嚴屬的人，就是你最需要的朋友。

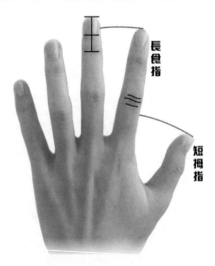

長食指

短拇指

大拇指與食指的互動關係

短拇指 & 短食指

　　屬於被動類型的你，雖然有很豐富的情感，卻容易受到周遭環境的影響而隨波逐流，因此在團體中無法適當的表達自己的意見，愈多人數的大型團體，你就愈無法體驗其中的快樂。所以較少的人數，且已互相摸清對方脾氣的朋友，才能讓你感到安心。

　　與朋友的交際互動中，你大多是愛撒嬌的一方，對於自認為重要的人，你會毫無保留的為對方付出一切，也會在無意識中期待著對方的回報。你不太會主動拓展自己的交友圈，所以只會從現有的幾個知心朋友當中，去發展更深厚的情誼。你在人際關係中

的問題，就是不會將自己心中所想的事情誠實的說出來。如果你對別人付出很多，卻又會不自覺爭風吃醋的話，那就不妨直接了當的告訴對方，表達自己的需要，這樣才能減輕自己內心的壓力，試著與對方維持一種良性的施與受的關係。心直口快的人，雖然一開始會刺傷你，但這樣的人才是真正關心你的好朋友。

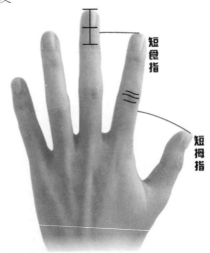

短食指

短拇指

大拇指與食指的互動關係

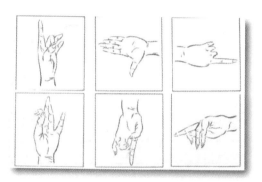

食指與
無名指的
戀愛特性

第八章

食指與無名指的戀愛特性

　　戀愛模式是由代表自尊心的食指及感性的無名指來決定的，從這兩根手指的組合，可以看出你戀愛以什麼模式居多，常會犯下哪些錯誤。一般來說，無名指愈長的人，表示受到男性激素的影響愈多，其戀愛模式中也可看到較多的男性特質；反之，無名指較短的人則多處於被動的一方。

　　食指及無名指與生俱來代表了與性相關的要素及面對戀愛的態度，所以從這兩根手指的不同長度組合，可以看出你談戀愛的模式與感覺。用來代表指向他人意義的食指，

可以瞭解在愛情中的你對於另一半所採取的行動類型；而無名指則是你對戀愛的想法及性慾強度。值得注意的是，這兩根手指所表示的僅是你的戀愛模式，並不能代表所有的命運，因此只要多加留意或稍作努力，相信就能從目前的戀愛模式中成功跳脫出來，或是展現自己的優點及魅力。

　　想要談一場成功的戀愛，首先就要澈底瞭解自己，對於下列每一種戀愛模式，分別提出了戀愛處方，當你感到情路不順時，可以試著以此做為參考。

一

食指＆無名指的
九種組合

　　據說會受到性激素頗多影響的是食指與無名指，就像男生與女生對「性」的想法略有不同，手指的特徵也是男女大不同。這一點在無名指的長度上，可以獲得實際的證明，一般來說，男生的無名指通常比女生的還長。食指及無名指與生俱來代表了與性相關的要素及面對戀愛的態度，所以從這兩根手指的不同長度組合，可以看出你談戀愛的模式與感覺。

　　用來代表「指向他人」意義的食指，可

　　　食指與無名指的戀愛特性

以瞭解在愛情中的你對於另一半所採取的行動類型，而無名指則是你對戀愛的想法及性慾強度。值得注意的是這兩根手指所表示的僅是你的戀愛模式，並不能代表所有的命運，因此只要多加留意或稍作努力，相信就能從目前的戀愛模式中成功跳脫出來，或是展現自己的優點及魅力。

　　想要談一場成功的戀愛，首先就要徹底瞭解自己，對於下列每一種戀愛模式，分別提出了戀愛，當你感到情路不順時，可以試著以此做為參考。

二 食指與無名指的特徵

1、食指的特徵

(1) 標準食指

隨和穩重的類型，外表十分隨和的你，內心卻格外堅強。很有上進心的你，是能一步步持續努力的類型，在團體或組織中能夠與大家相處融洽，但並不會隨波逐流，甚至能輕鬆勝任。

(2) 長食指

容易受自尊心擺佈的類型。食指愈長的人愈頑固，還自以為是，因為自尊心頗強，愛面子的你會督促自己必須不斷努

力，但是容易自滿與看扁他人是你的缺點。

（3）短食指

躲在角落的吃虧類型。對所有事物都消極對待的類型，因為缺乏自信而常躲在角落獨自思索，若能好好配合自己的步調，相信你就可以拿出努力的精神。

2、無名指的特徵

（1）標準無名指

你對事物擁有標準的感受力，所以審美觀也不會與大家差距太大，屬於能夠跟上流行腳步的類型，但是略嫌沒有個人特色是你的缺點。

（2）長無名指

在審美觀及品味方面都很強的你，可以獲得不錯的名譽及名聲，但是想要成名的慾望越強，反而會使你利慾薰心而跌得更慘。

(3) 短無名指

無法察覺自身素質的糊塗派，感受力不足的你對於外在美醜顯得漠不關心，你並沒有想要引起他人注意的慾望，所以就算完全被他人忽視也無所謂。

標準食指 & 標準無名指

這類型的人有熱衷於戀愛的傾向，因為你具備不錯的配合度，不但不會任性，還能配合對方調整自己，這樣的你應該能夠和另一半以兩人三腳的方式互相扶持，維持兩人之間的良好關係。你不算是非常龜毛的人，在愛情中也顯得隨和，但是正因為如此，容易受到另一半的個性或作風影響。

愛情中的你雖然沒有太多主見，但也算是個穩重之人，所以不會被對方騙得團團轉。緊要關頭，你仍會堅持走自己所選擇的路，即使遇到很糟的對象，也能夠立刻斷得一乾二淨。面對單身生活也不會覺得寂寞，

所以不會被戀愛沖昏了頭，但是也可能因此在不知不覺中錯失良緣，甚至對於他人表示的好感也無法察覺。你對花言巧語有一些敏感，以致於有時會顯得沒那麼親切，如果是你先愛上對方，這段戀情可能會變成慢步調的耐力長跑吧！

你的戀愛處方：

你的戀愛模式是追求穩定的安心感，但缺點是沒有太多高潮迭起與變化，你不喜歡另一半對你發號施令，所以對方的領導特質過強時，反而會使你想要抗拒或唱反調，這樣的你會變得十分被動，而使兩人的愛情呈現停滯不前的狀態。

你需要的是在腦中先描繪出適合自己的理想戀愛類型，如此一來，當你遇到自己屬

意的真命天子時，就會知道應該採取什麼行動。

　　為了不讓自己錯失大好機會，你應該增加與異性交流的機會，不要只是以哥兒們或好姐妹的態度與他人相處，在舉手投足等小動作，或是服飾穿搭等方面都要多加注意，只要改變自己的心態，以前不曾注意到對方的小舉動或情緒表達，相信你就能因此發現其中的變化。

　　在正式交往後，請注意自己可能會有變得固執倔強的傾向，也許你自認配合度很高，但是表現在外的態度容易顯得固執，在性愛方面，你是屬於十分保護自己的保守派，應該試著放下過強的警戒心。

167

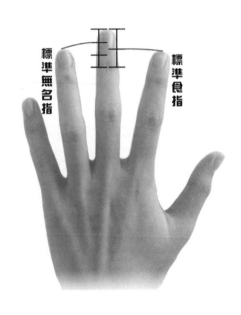

標準無名指　　標準食指

標準食指＆長無名指

　　你總是幻想著能談一場美好的戀愛，充滿感性的你，對於普通的愛情總覺得少了點什麼而興趣缺缺，但是表現在實際的行動中，又稱不上是個十足的浪漫情人。自尊心強的你，若凡事都依對方的話，會覺得很丟臉，面子掛不住，所以有時會在無意間忍不住收斂。在情緒起伏上，墜入情網中的你會立刻變得很興奮，成天不停地幻想著一些浪漫的連續劇情節，對接下來的發展充滿期待，只不過你的行動表現力總跟不上自己的想像力。

　　心中不滿的情緒會慢慢累積，甚至會發

洩在對方身上，總認為有問題的一定是另一半，有時候戀情的發展並不如自己所願時，感到無趣的你會開始和對方吵架爭執而產生分手的念頭，且將目光移到下一個獵物身上。也許這是你在無意識中產生的行為模式，在不知不覺中，可能讓自己在他人眼中成為一個多情種子。期待愈大，失望愈大，用這句話來形容你是再貼切不過，因為你對另一半的要求很多，並且容易將責任推到對方身上。

你的戀愛處方：

當你覺得自己的戀愛總是慘遭滑鐵盧時，那是因為你心中所想的愛情與實際的行動中有差距，你只是不停地幻想，做白日夢，但實際採取的行動又無法相符，所以你的戀

情才無法如你所願的順利進行。如果想要跳脫現在的戀愛模式，主動積極是你所需要的，如果一直害怕失敗而把主導權都交給對方，那麼你的希望將會難以實現，掌握主導權，想辦法帶領對方進入你的浪漫世界吧！

若想要增加認識對象的機會，不能只是等待偶然的緣份，試著將注意力放在許多異性聚集的場合，當然透過朋友的介紹，說不定也能遇到好姻緣。不要一直幻想著白馬王子總會有出現的一天，你需要將目標實際化，付諸行動。

你在性方面的能力無窮，具有冒險家的特質，喜歡嘗試各種不同的挑戰，比起被動，你是喜歡採取主動的一方，如果害羞、過度

171

矜持的話，反而會讓你在性生活中變得生硬不自然，對於自己的想法或是有興趣的事，不妨試著委婉地向對方表達。

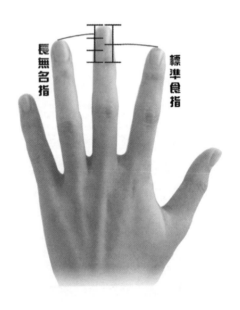

標準食指 & 短無名指

　　這種類型的人總是用最自然，不做作的方式來面對感情，不會勉強自己去談戀愛，所以通常都是被動的等待一些偶然的相遇或機緣。如果你置身於很多異性的環境之中，自然就會有很多認識異性的機會，但是如果相反的話，你的良緣就會跟著減少。因為你不是主動製造戀愛機會的人，所以就只能任由當下的狀況或環境來支配了。

　　交往中的你容易任由對方擺佈，儘管對於自己討厭的事情會直接了當的拒絕，但是不會想要積極的握有主導權，雖然可以和另一半建立和平穩定的關係，但是也容易漸漸

變淡而分手。屬於此種戀愛模式的人，不是長期維持著若有似無的關係，就是乾脆痛快的一刀兩斷。

另外你的內心是會為了愛而拼死拼活的類型，所以就算別人給你建議，教你如何變得更有魅力，也總會覺得無法接受而聽不進去，即使你在性方面是有興趣的，但也會強烈拒絕，這種人通常沒有實際經驗，只會紙上談兵。

你的戀愛處方：

你是屬於頑固任性的戀愛模式，所以不需要過度勉強自己去做改變，只要保持最自然的自己，通常就能帶來正面的影響。你不會刻意去討好別人，也不會自我意識過強，所以你總輕鬆跨越在你與異性間的高牆，如

果扣除愛情成分，這樣的你可以快速的和他人建立起朋友的關係。但是因為你的戀愛機會較少，所以請試著努力改善這一點，擴大自己的視野，增廣見聞，試著對許多不同的事抱持關心的態度，相信能增加認識異性的機會，如此一來，能夠改變你現在戀愛模式的真命天子，可能就會出現在你身邊。

　　你喜歡單獨行動，所以就算是自己一個人出門也無所謂，屬於你的姻緣，可能就隱藏在以前你從沒有進去過的店裡哦！實際開始交往後，接受對方的興趣或嗜好是你要努力的重點。只要你能夠積極的參與，相信你們兩人的關係將會產生變化而漸趨穩定。你在性生活中屬於被動且害羞的類型，切忌因為感到羞害而一味逞強，配合對方的步調應

175

該是最安全的做法。

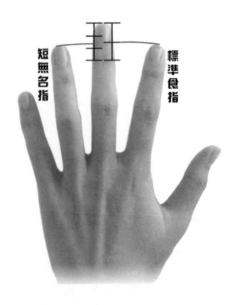

短無名指　　　　　　　　　　　　標準食指

食指與無名指的戀愛特性

長食指 & 標準無名指

　　你想要談一場平凡普通戀愛的想法及意識很強烈，你認為身邊有另一半存在，是一件極為正常的事，因此當處於單身狀態時，你容易變得非常焦急，儘管你的態度十分積極，但是也受不了過於貪婪渴望的行為，所以容易成為被動的一方。

　　如果你正在暗戀對方，常常會因為無法讓對方瞭解自己的心意而顯得心急如焚，即便是兩情相悅，也會因為你無法表現誠實坦率的一面，卻希望對方能理解自己的心事而容易變得任性。另外你喜歡在眾人面前炫耀自己的另一半，所以對他的要求也相對很

多，有時浮現在腦中的衝動念頭，會讓你匆忙之下做出錯誤的決定，因而引發你和另一半的爭執。愈是想要努力做好，愈是容易白費力氣，使得兩人的步調不一致。

你對於性愛方面並沒有太多好奇心，所以在性行為中顯得興趣缺缺，但是你又怕自己和別人不一樣，所以喜歡到處聽取他人的意見，因此就算是自己沒有實際經歷過的事，也可能知道得十分詳細，對於性行為的印象或想像會因此而過度膨脹誇大。

你的戀愛處方：

相信在別人對你的戀愛建言中，應該常常聽到稍安毋躁這句話，尤其是當單身時，你更要記得放慢腳步，千萬別乾著急。有對象的人，也請尊重對方的步調並予以配合，

唯有一步步好好的建立起兩人的戀愛關係，才有辦法掌握最適合你們的方式。愈是焦躁，愈容易失去最真實的自己，盡失原有的魅力！這點請一定要多加小心。

不要過於堅持己見，頑固倔強的個性會嚇跑對你有意思的異性，或引起爭執而讓兩人下不了臺。當兩人的意見發生衝突時，不要急著在當下解決問題，可以試著先緩一緩，等日後雙方都冷靜下來時，再一起面對問題即可。

你追求的是正常的戀愛，所以你心中已經有一個固定的理想戀愛藍圖，只要現實與理想不符，你就會陷入不安的狀態。其實無論是誰，在愛情中都是最獨特的，因此就算是和你的想像有差距，只要能敞開心胸接納

對方，一定能讓你的戀情更順利，也使得自
己樂在其中。

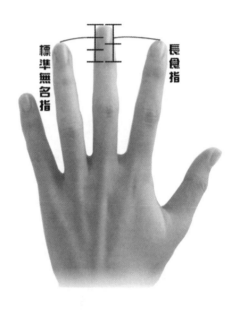

標準無名指

長食指

七

長食指 & 長無名指

　　不服輸的你，在愛情中總是想要佔上風，強烈希望被對方捧在手心裡，所以愛情常常變得十分沉重。你會積極的想辦法認識異性，並且站在主導兩人關係的位置，但是也因此讓人對你有強硬蠻橫的印象，你容易把另一半耍得團團轉，到最後只能分手。你懂得發揮自己獨特的魅力，是一個很強的競爭對手，所以很少會輸給情敵。但是如果過度做作的話，會讓自己變得像是只可遠觀，不可褻玩的花朵，許多機會也就悄然溜走了，所以請謹記不誇大、不愛現。

　　你常常認為自己的想法才是對的，堅持

181

己見的任性行為會造成你和戀人產生許多衝突，不輕易認輸的個性，常常會演變成與另一半鬧彆扭的窘境，切記不要讓自己的態度變成強迫命令式的口吻。在性生活方面，情緒豐富的你可以讓對方獲得極大的滿足感，具有攻擊性的你，有時做出的連續強烈進攻甚至會讓對方想要求饒。

你的戀愛處方：

你渾身散發的魅力常會將異性迷得神魂顛倒，所以身邊總是不乏追求者，但是因為你的擇偶條件很苛刻，所以現實中是很難談戀愛的。喜歡精挑細選的你，總是為了要找到最適合自己的對象，反而使緣份離你遠遠的。其實只要試著交往，一定能發現對方的優點，所以不要自己設限，說不定會獲得令

182【第八章】
食指與無名指的戀愛特性

你意外的良緣。

　　不以過度刻意的態度面對愛情，才能擁有更多的幸運，只要做最自然的自己，你的原始魅力必定能為你帶來戀愛的機會。面對喜歡的人或另一半，你總是會不小心說出一些不必要的話，想說的話可以稍微保留一點，或是挑選適當的語氣，相信能讓你們的相處氣氛更融洽。你所散發出來的氣息，會讓人覺得稍微有些高不可攀，所以應該盡量表現自己的善意以緩和氣氛。

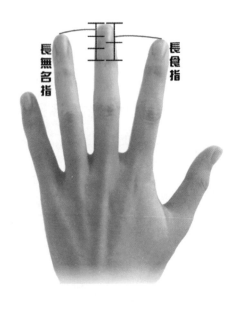

長無名指

長食指

食指與無名指的戀愛特性

（八）

長食指 & 短無名指

　　自尊心甚高的你，認為為了愛情而忙碌辛苦是件很麻煩的事，雖然你擁有文靜溫柔的魅力，但不是戀愛至上的人，面對愛情總是顯現出乾脆爽快的個性。你總覺得愛情應該順其自然，所以你會把自己的興趣、工作、朋友擺在第一順位，對愛情不會過度執著的你，很難維持長久的關係。

你的戀愛處方：

　　如果想要談一場順利的戀愛，你應該對另一半及自己付出更多的關心。你的戀愛模式容易變成順其自然的態度，常常在還沒瞭解對方的情形下就開始交往，並且任由另一

半主導情勢，順著對方希望的模式往下發展，因此對方可能會誤以為你是個乖巧聽話又被動的人，在交往的過程中，你會漸漸發現兩人不契合的地方愈來愈多。以互相瞭解對方為前提，開始考慮是否要交往吧！擁有共同的興趣或嗜好，當朋友時也能維持良好關係的對象，交往時才能互相尊重對方。

　　你對戀愛的敏銳度較低，所以緣份上門的機會也較少，因此需要多下一番工夫，改變髮型，注意服飾搭配等，試著做一些小變化，應該會有不錯的效果。處於興奮狀態下的你常常會顯得很害羞，為了掩飾害羞的你容易做出一些誇大的舉動和反應，或是突然擺起高姿態，在約會時，這些都是最應該注意的地方。

食指與無名指的戀愛特性

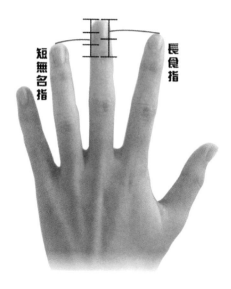

短無名指

長食指

九

短食指 & 標準無名指

你對自己沒有太大的自信心，所以對於愛情也無法表現出積極的態度，其實你的內心十分渴望美好的戀情，但總是在剛起步時就輕易放棄了。常常悲觀思考的你，對於愛情的執著度不夠，即使是眼看馬上就要到手的愛情，也會在中途因為挫折而灰心喪氣，主動放手。懦弱及負面思考的你，應該經常在感情路上吃虧，如果是單戀的話，你總是無法改變現狀，到最後不得不放棄，就算是對方主動出擊，你也因一直無法對其產生信任而錯失良機。

188【第八章】
　　食指與無名指的戀愛特性

你喜歡躲在角落獨自思考，隱沒在人群中的你，戀愛的機會就相對減少，但是一旦開始正式交往，一切問題應該可以迎刃而解。以對方為重，懂得支持另一半的你，應該能夠讓對方深深的愛上你，可以和另一半建立起穩定長久的戀愛關係。

比起轟轟烈烈的愛情，你喜歡自在舒服且安定長久的戀愛關係，這種類型的人適合愛情長跑，而且通常能畫下步入禮堂的完美句點。對於剛萌芽的愛情，你也能夠耐心的加以栽培，並在最後綻放出漂亮的花朵。

你的戀愛處方：

你無法正視異性對你投射過來的目光或視線，當異性主動與你攀談時，你也不敢發表自己的意見，而總是挑一些最安全的一般

論調來搪塞，若是和朋友出去，你就會隱身在大家的後面，使自己無法增加認識異性的機會，因此你的戀愛經驗值一直無法上升。

想要抓住機會，你需要的是在穿著打扮上費盡心思，試著模仿自己喜歡的藝人，或是找一些懂得流行的朋友，聽取他們的建議，去習慣與異性相處，對你來說也是很重要的事，可以試著結交一些不會感到拘謹且能暢所欲言的異性朋友，興趣或工作性質相近的對象應是不錯的選擇。

想要維持長久戀情的訣竅，就是不能一直當懂事的大好人，偶爾小小任性一下，讓對方感到困惑會是不錯的方式，太過千篇一律、毫無變化的穩定生活，可能無法引起另一半對你的注意。你的性生活較無變化而顯

食指與無名指的戀愛特性

得保守，稍微提高自己的興趣，並且試著做些不同的挑戰吧！

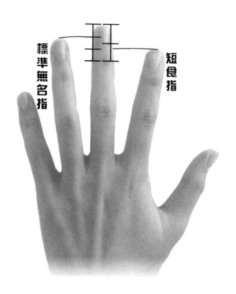

標準無名指

短食指

短食指 & 長無名指

你那敏銳的審美眼光及滿腔的熱情是絕對不會輸給別人的，但是只要異性站在你眼前，你就會變得扭扭捏捏，渾身不對勁，但是真正上場時，又變了一個人似的，顯得格外溫順規矩。

你總是期待自己的愛情能像連續劇或電影裡的情節，所以對於現實生活中無法付諸行動的自己，常常會感到焦躁難耐。因為你總會告訴自己，怎麼可能會有像連續劇般的愛情呢？抱持這種想法的你，會就此產生放棄的念頭。你是十分重視外貌的人，而且若不是戲劇般的邂逅情節，是無法讓你動心

食指與無名指的戀愛特性

的，為此你也感到十分困擾。所以即使愛神丘比特對你多所眷顧，你也會因為不敢跨出第一步，而讓這些姻緣從你眼前白白溜走。

在交往的初期，你可能還有滿腔的熱血，隨著時間流逝，漸漸的變成消極的態度，易熱也易冷的個性，常使你不斷重複著短命的戀情。你對性愛生活充滿了旺盛的好奇心，對於許多不同的嘗試應該多少有些經驗，但是你不敢將自己內心的希望或渴望告訴另一半，因此反而造成自己的壓力。

你的戀愛處方：

你的滿腔熱情常會使自己白費力氣，所以應該試著採取收斂、冷淡一點的態度，有時候熱過頭只會將自己也燃燒殆盡。若想要持續長久的走下去，你應該學會試著客觀的

審視自己，不要想太多反而可以為你帶來更多機會，如此你那負面消極的思考也能受到抑制，轉換成積極正面的態度。

因為你擁有獨特的興趣或美感，若能將其表現在外，相信會有加分的效果！比起一些表面膚淺的話題，有深度的談話更能襯托出你的魅力所在。與其努力的讓許多異性為你著迷，還不如集中縮小自己的目標範圍，應該也能獲得更好的結果。

在性生活方面，試著一開始就將主導權握在自己手中吧！否則想要在日後拿回主導權應該是件難事。平時成熟穩重，在床上卻是熱情十足，讓對方瞭解兩者的落差是很重要的。這類型的人在戀愛經驗值增加的同時，可以因此獲得更多的積極性，所以算是

能從失戀中學習成長的人。

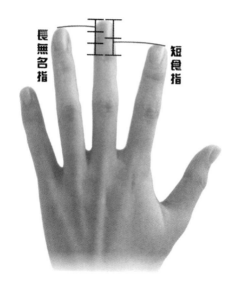

長無名指

短食指

十一

短食指 & 短無名指

　　成熟穩重的你，屬於能夠受到對方呵護的類型，在異性的眼中，你具有十足的魅力，可惜你自己無法察覺到這一點。在愛情中顯得較軟弱的你，有時候會不由自主感到害怕，明明可以談一場成功的戀愛，卻不相信這種好事會發生在自己身上，因此不會積極的讓自己變得更好，對於認識異性的慾望較低，屬於會將愛神丘比特拒於千里之外的類型。

　　儘管有心儀的對象，但常常立刻就萌生放棄的念頭，因而無疾而終，就算是對方主動接近你，你也會害怕他不是真心而變得畏

畏縮縮。

這種人會自己主動放棄許多大好機會，不過其實隱藏在你內心的戀愛本能絕對不輸任何人，只要你能積極一點，絕對會是個萬人迷，也能與交往的另一半相處融洽、順利。你的另一半會愛你愛得死心塌地，絕對捨不得離開你，只要多累積一些戀愛的經驗，瞭解自己在他人眼中是什麼樣子，你就可以發揮自身的魅力。

你的戀愛處方：

其實你就像一顆未經雕琢的寶石，只需要經過仔細琢磨就會閃耀動人；反之，若不經加工的話，這顆金石就和掉落在路邊的小石子沒什麼兩樣。你總是認為自己就像是沒有任何價值的小石頭，穩重端莊又不過度逞

強的你，其實擁有讓異性為你著迷的力量，但是你自己卻壓抑了這份能力。

　　試著發揮服務奉獻的精神，對異性多一些付出吧！從日常生活做起，不一定要得到對方的回報，將自己察覺到的事情告訴對方，適時伸出援手，將可增加你的戀愛機會，因為你對自己的評價過低，所以只要有人喜歡上你，你就很容易愛上對方。但是在考慮正式交往之前，絕對不可以輸給對方強硬的態度，只需要順應自己心中最真實的聲音做出回應即可。

　　性方面容易對另一半百依百順，因此累積不少壓力，自己討厭的事情應該清楚的說出來，不需要讓對方予取予求，讓對方瞭解你想要的模式也很重要。

食指與無名指的戀愛特性

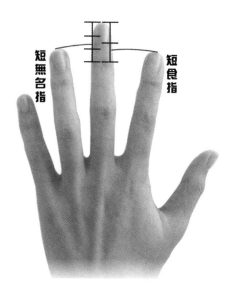

短無名指

短食指

199

第九章

中指與
無名指的
結婚運勢

第九章

中指與無名指
的結婚運勢

　　你的結婚意願強弱，你對婚姻抱著什麼
樣的期待？這些都可以從這兩根手指的占卜
中瞭解。無名指與婚姻有很深的關係，它可
以顯示出你心目中的理想目標及對婚姻的憧
憬；而中指代表你的社會性，從這裡可以知
道你在現實中所追求的婚姻模式。

　　從中指與無名指的不同長短比例組合，
可以看出適合你的幸福婚姻。無名指意味著
它是套上戒指的手指，將訂婚戒指或婚戒戴
在無名指上，向他人表示自己已心有所屬。
因此無名指與婚姻的關係很深，並且也具有

很大的影響力。從無名指可以看出你對另一半的瞭解有多少，以及你對未來的婚姻懷著什麼樣的憧憬，又將會如何經營未來的婚姻生活。就如大家常說的，結婚是一份「永久職業」，夫妻關係其實就像是你的職業一般，因為這是一個需要認真努力的「工作」，當然會受到表示工作運的中指的影響。

中指代表了自制力、責任感、金錢觀等，這些都是婚姻生活中不可欠缺的元素，因此它也是影響你的結婚運勢的手指。這兩根手指中所隱藏的分辨力（中指）及感性（無名指），可以告訴我們自己的婚姻模式，以及夫妻生活應注意的地方。另外自己所適合的結婚對象，如何經營家庭才能擁有幸福的婚姻等，都能從這兩根手指中獲得答案。

中指 & 無名指
的九種組合

　　無名指是套上戒指的手指，將訂婚戒指或婚戒戴在無名指上，向他人表示已經心有所屬，因此無名指與婚姻的關係很深，並且也具有很大的影響力。從無名指可以看出你對另一半的瞭解有多少，以及你對未來的婚姻懷著什麼樣的憧憬，又將會如何經營未來的婚姻生活。就如大家常說的，結婚是一份永久職業，夫妻關係其實就像是你的職業一般，因為這是一個需要認真努力的工作，當然會受到表示工作運的中指的影響。

中指代表了自制力、責任感、金錢觀等，這些都是婚姻生活中不可欠缺的元素，因此它也是影響你的結婚運勢的手指。這兩根手指中所隱藏的分辨力（中指）及感性（無名指），可以告訴我們自己的婚姻模式，以及夫妻生活應注意的地方。另外自己所適合的結婚對象，如何經營家庭才能擁有幸福的婚姻等，都能從這兩根手指中獲得答案。

二 中指與無名指的特徵

1、中指的特徵

（1）標準中指

是個身段柔軟、有常識的人，柔韌的你
能屈能伸，無論在任何人際關係中，都
能立刻與大家融洽相處。另外有常識的
你也有很好的執行能力，是能夠在公私
之間取得最佳平衡的類型。

（2）長中指

煩惱多且高傲，難以向他人妥協的類
型，所以常會強迫他人接受自己的意
見。散發出獨特魅力，具有中心人物特

質的你，總會吸引周遭眾人的目光，但是你需要注意的是容易想太多。

(3) 短中指

具有行動力的自由派，迅速果決的實踐能力，讓你能夠早一步做出判斷，所以你很擅長機靈、俐落的行動。美中不足的是思慮略欠周詳，容易有貿然決定的衝動傾向，但是開朗恬淡的你也總能帶動現場的氣氛。

2、無名指的特徵

(1) 標準無名指

你對事物擁有標準的感受力，所以審美觀也不會與大家差距太大，屬於能夠跟上流行腳步的類型，但是略嫌沒有個人

特色是你的缺點。

(2) 長無名指

在審美觀及品味方面都很強的你，可以獲得不錯的名譽及名聲，但是想要成名的慾望越強，反而會使你利慾薰心而跌得更慘。

(3) 短無名指

無法察覺自身素質的糊塗派，感受力不足的你對於外在美醜顯得漠不關心，你並沒有想要引起他人注意的慾望，所以就算完全被他人忽視也無所謂。

標準中指 & 標準無名指

　　對於結婚有強烈的渴望，但是也不會顯現出過度積極或貪婪的樣子，你還是照著一般常規的模式走，所以只要到了適婚年齡，自然就會出現想結婚的欲望。不過你喜歡一切順其自然，配合自己的生活規劃再步向禮堂、走入婚姻。很會照顧另一半的你，婚後生活能夠十分穩定，而且能將自己的主張向對方表達，在需要讓步時也會適時地退一步。只是你對於一些麻煩的問題或突發狀況不太擅長處理，所以當家庭關係不安定時，心情也會隨之動搖。

適合你的理想對象，是能夠支持你、沉著穩重的人，如果能夠選擇擁有領導能力、遇事冷靜處理的人，相信你在任何情況下都能安穩的度過。憨厚踏實的你，不會為了金錢問題而苦惱，婚姻生活維持愈久，兩人關係的根基愈能穩固。唯一令人擔心的是，在婚後會開始失去打扮的興趣，總是把現實生活擺在第一順位，使得夫妻間的心動感覺愈來愈淡，所以你應該學習將另一半視為「異性」，並且努力提升自己在性方面的魅力。

標準中指

標準無名指

7.5
~8

10

測量中指長度以手掌縱向「10」為單位
中指長度是手掌的「7.5~8」為「標準中指」

標準中指 & 長無名指

　　雖然你很期待幸福美好的婚姻，但是也會考慮現實的層面，內心經常描繪浪漫的理想婚姻，擇偶條件也相對較高。儘管如此，你並不會對這些條件有太多堅持，具有互相妥協的柔軟性，不會因為好高騖遠而錯過適婚年齡。

　　你很期待結婚，但並不會顯得焦急，能夠按照自己的步調，逐步進入婚姻生活，婚姻生活中的你，會發揮自己豐富的感受力，成為帶動家庭氣氛的核心人物。在夫妻關係中，你總希望能握有主導權，但是如果態度過於強硬，會成為雙方衝突的主因，所以請

別忘了尊重另一半的意見。對你來說，在外人面前以另一半為重，在家中以自己為主的關係才是最理想的。

　　基本上，你有踏實的金錢觀，但也難免會有打腫臉充胖子的浪費行為，所以你應該避免將金錢花在無用的購物上，而是先考量實用的東西。

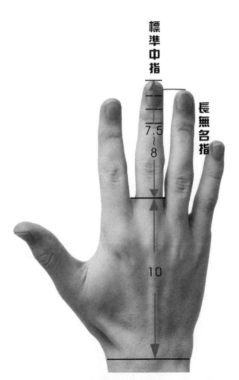

標準中指

長無名指

7.5
~
8

10

測量中指長度以手掌縱向「10」為單位
中指長度是手掌的「7.5~8」為「標準中指」

214【第九章】
　　中指與無名指的結婚運勢

標準中指 & 短無名指

　　你對於結婚是處於被動狀態的，儘管你期待婚姻，但是不會自己主動的積極追求。你總是配合對方的步伐，絕不會自己主動求婚或提出結婚的話題，因此這樣的你容易不小心讓機會從手中溜走，所以適時的表達自己內心的意見是很重要的。結婚之後的你能夠和另一半互相照應，兩人會確實扮演好夫妻的角色，因為你的配合度高，會扶持另一半、為他打氣加油，因此可維持圓滿和諧的家庭關係，而你悠哉的個性注定你不善於主動出擊，所以如果另一半是能夠推你一把、助你一臂之力的對象，兩人的夫妻關係將會

取得最佳平衡。

　　你們的經濟狀況非常安定，也不會有浪費的支出，當然不是奢華的婚姻生活，但也不至於貧困度日。只要能夠有計畫的儲蓄，在一些特別的紀念日中，稍微奢侈一下應該也無妨，不需要過度勉強，刻意的節儉，相信你們也能過小康家庭的生活。

　　需要稍加留意的地方是你會容易被世俗的常理牽著鼻子走，其實夫妻之間並沒有所謂的定論，只要找到最適合你們倆的獨特方式，建立起一個屬於你們的家庭即可。

標準中指

短無名指

7.5
~
8

10

測量中指長度以手掌縱向「10」為單位
中指長度是手掌的「7.5~8」為「標準中指」

六

長中指 & 標準無名指

雖然你對結婚懷著不少憧憬，但你是無法輕易妥協的類型。你是那種為了追求理想婚姻而勇往直前的人，雖然你所開出的理想條件並不特別苛刻，但因為你堅持自己的主張，而使得另一半對你產生負面印象，對你的感情也因此變得冷淡。過度頑固倔強的你，容易讓機會消失，另外你的思慮縝密，所以在挑選對象時具有很強的戒備心，就算哪天對方向你求婚了，你也會忍不住懷疑對方是否別有用心，而對自己的答案稍作保留。

這種類型的人愈是想要獲得幸福，愈容易讓幸福婚姻的大門更是狹窄。其實稍微讓自己放鬆一點，有時候結婚就是要靠一種衝動，這種想法對你也許會有不錯的效果。在婚姻生活中的你，對於生活水準的要求反而不會過度龜毛，你會為了實現自己心中的理想藍圖而努力，顯然你十分積極，但是與對方發生意見不合的情形時，可能會爆發激烈的衝突。愈是固執堅持己見，雙方的問題愈是難以獲得解決，重要的就是兩人可以互相妥協、讓步，所以試著努力傾聽另一半的心聲，是你必須努力要做的。

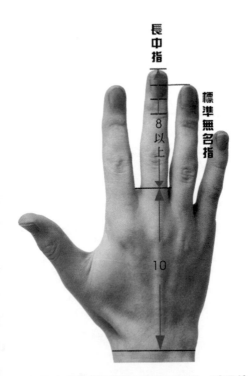

長中指

標準無名指

8以上

10

測量中指長度以手掌縱向「10」為單位
中指長度是手掌的「8」或以上為「長中指」

中指與無名指的結婚運勢

（七）長中指＆長無名指

　　注重虛榮外表且條件很多的你，顯然有很崇高的理想，但對於結婚總是躊躇不前，本身對於結婚並沒有抱太大的期望。充滿幹勁的你總認為，只要積極認真的工作，在職場上有傑出表現，就算不結婚也無所謂。你對另一半的要求較多，屬於完美主義者，因此你總希望自己的另一半能夠比你更高一籌。但是符合這種條件的對象，常常會激發你的競爭心態，所以你愈是要求愈高，愈是無法順利交往。雖然你的婚後生活會充滿光鮮亮麗的一面，但是相對的也有不安定的因素。

你喜歡在夫妻關係中掌控主導權，所以最後容易變成獨裁者的作風，應該多加注意才行。不過你敏銳的感受力及周到的思慮，能夠維持一個不錯的家庭生活。完美主義的你對結婚已經沒有太多期望了，卻又拘泥小節，所以這就成了你的致命傷。其實不需要想得太多，試著將婚姻想成是愛情的延伸即可，與其東想西想，還不如靠直覺行動，相信能讓結婚變得更簡單。

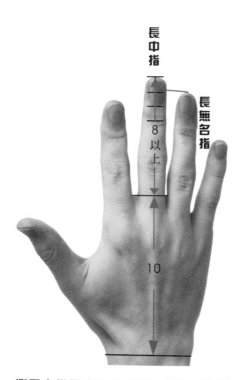

長中指

長無名指

8以上

10

測量中指長度以手掌縱向「10」為單位
中指長度是手掌的「8」或以上為「長中指」

八

長中指 & 短無名指

你對婚姻不會有太大的期待，但是對於生活方式有自己的堅持。如果必須配合對方或是勉強去做一些自己認為很麻煩的事，你你就會產生抗拒。不過若對方能夠強硬的拉著你向前走，應該也能順利的一起走向終點，如果無謂的浪費太多時間，反而會使你有機會去想一些不必要的事情，因此浮現放棄的念頭。

你的婚姻生活除了應多小心夫妻間的爭執外，大致上沒有太多問題。雙方發生衝突之後，常會有下不了臺的尷尬場面，所以當你感受到對方的氣氛時，請記得先退讓一步

吧！如果能以對方的意見為重，你的主張就能獲得認同，只要聰明的掌好船舵，就可以建立一個你心中所想要的家庭。結婚之後的你，在夫妻關係中會變得千篇一律，沒什麼變化可言，所以適時的加入一些刺激與新的變化是很重要的。試著記住一些特別的紀念日，偶爾體驗一下只有夫妻兩人的甜蜜約會都是不錯的方法，利用你的獨特品味，為家中或庭院營造一些浪漫的氣氛，相信也能讓生活更多姿多彩。

測量中指長度以手掌縱向「10」為單位
中指長度是手掌的「8」或以上為「長中指」

中指與無名指的結婚運勢

短中指＆標準無名指

　　還沒討論到結婚的話題之前，你總是一副泰然自若的樣子，但是只要結婚的話題一浮出水面，你就會立刻迅速的直奔終點，因為你擁有超凡的果決判斷力及執行力，所以很有可能會閃電結婚。

　　你不會拘泥一些小細節，所以總能快速朝目標前進，但是如果只重視進度也不太好，千萬不要忘記得到周遭親友的認同，腳踏實地往前，如果光是被一股熱情沖昏了頭，到頭來可能會後悔。你所營造出的婚姻生活及家庭氣氛，應該是以你為中心而架構起來的，具備一般常識的你，不會因為虛榮心作

227

崇而有浪費的行為。只不過對於某些事情會有做過頭的傾向,請你養成獲得另一半與家人同意之後再行動的習慣。

這種類型的人可以營造出一個溫暖、活潑的家庭氣氛,但是應多注意發生草率疏忽、顧此失彼的狀況。只要對方是個穩重踏實的人,相信你們可以產生同心協力的力量,家庭圓滿和諧的訣竅,就是別凡事都自己一個人扛。

測量中指長度以手掌縱向「10」為單位
中指長度是手掌的「7.5」或以下為「短中指」

短中指 & 長無名指

（十）

你嚮往華麗的婚姻生活，所以會很主動的把握各種機會，屬於積極行動派的你，甚至很可能會由自己提出結婚的意願，所以是容易閃電結婚的類型。但是這樣的你在選擇結婚對象的時候，難免會有過多的要求，你會嚴格挑選另一半的身份地位及外貌，並在這部分顯得十分固執。因此當事情無法如自己預期般的進展時，你對另一半的感情就會立刻生變，因為你的情緒變化無常，就算已經順利討論到結婚的話題，也可能會突然被你全面推翻而當場破局。想要進入幸福婚姻的第一步，就不能心血來潮，一定要冷靜認

真的思考及應對。

　　結婚之後的你，更能發揮敏銳的感受力，點綴你的家庭生活，成功經營一個朝氣蓬勃的家庭，比起婚前的你，婚姻生活中的你會顯現更多的安定感，使自己有所成長。但是這種類型的人在婚後仍會有談戀愛的傾向，所以為了不引發婚外情的問題，一定要克制自己的慾望！

測量中指長度以手掌縱向「10」為單位
中指長度是手掌的「7.5」或以下為「短中指」

　　這種類型的人對於結婚沒有太大興趣，反而會把自己喜歡的事物，如工作、個人興趣或朋友之間的交際擺在第一順位。擁有行動力的你，只要決定結婚，就能迅速果斷的一步步實現，最後順利的步上紅毯。只不過你還是對結婚以外的事情較有興趣，所以容易讓機會在不自覺中悄悄溜走。

　　活潑開朗的你，在婚姻生活中是位能帶動家庭氣氛的核心人物，同時兼顧家庭及工作，是這類型人的主要特徵。因為夫妻雙方都在外工作，可能會為了拿捏家庭與工作上的平衡，而與另一半產生爭執，但是因為你

擁有女性特質的文靜氣息，所以夫妻關係仍屬和諧圓滿。

在婚姻生活中的你，常常會忘記琢磨、鍛鍊自己，所以夫妻間的甜蜜氣氛可能會漸漸消失，請隨時記得維持戀愛的感覺。有時候試著依賴對方也是很重要的，如果凡事只想靠自己完成，容易因過度逞強而失去坦率真誠的一面，所以偶爾對另一撒嬌也是好事。你的理想對象應是默默耕耘、埋頭苦幹的類型，能夠跟上你的腳步，並且擁有沉穩冷靜特質的人，應該就是你的幸福使者。

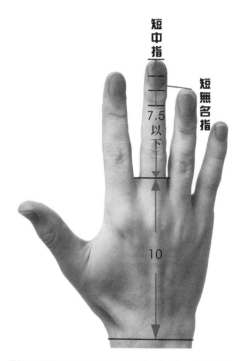

短中指

短無名指

7.5
以下

10

測量中指長度以手掌縱向「10」為單位
中指長度是手掌的「7.5」或以下為「短中指」

235

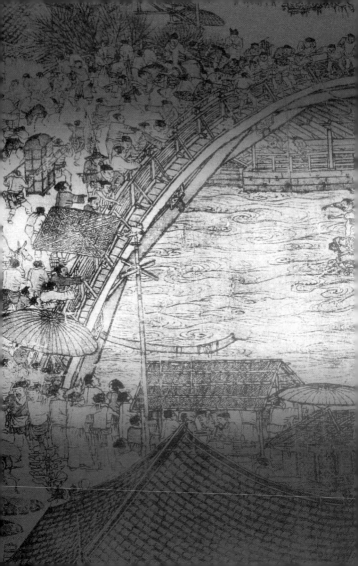

第十章

中指與
小指的
工作運勢

第十章

中指與小指
的工作運勢

　　想要占卜自己的工作運，就從中指和小指入手吧！因爲這兩根手指不僅可以看出你在職場上的運勢，還能瞭解你在社會上的活躍程度。從中指與小指的組合，可以知道適合你自己的工作類型，其中更隱藏著成功的關鍵，是能理解自己的線索。

　　五根手指中最長的中指加上纖細的小指，其中隱藏著你在工作方面的傾向及成功的可能性，暗示著「社會性」的中指，可以告訴你自己適合哪種職業，以及職場上的你是什麼模樣。而代表「表現力」的小指，顯

示的是你的溝通能力，從這裡能夠看出你在職場裡的地位，以及你和同事之間的關係，另外小指也會影響你升遷的快慢。小指還能表示你天生的心理狀態及內心不為人知的一面，所以也可同時知道你的抗壓性強弱，另外中指可以表示你的金錢價值觀，所以與工作收入有很大的關聯。

這兩根手指並不一定是愈長愈好，依照長短比例的不同搭配組合，工作運也會隨之變化，所以當然是有好有壞的。先找出自己的中指及小指的組合類型，瞭解你所適合的工作，才能知道如何聰明處理好自己的工作。在不景氣的大環境下，更需要找到真正適合自己的職業，另外如果想要讓目前從事的工作能長久維持下去，就從這兩根手指找出自己所欠缺的東西，以及該努力的地方。

中指 & 小指的九種組合

　　五根手指中最長的中指加上纖細的小指，其中隱藏著你在工作方面的傾向及成功的可能性。暗示著「社會性」的中指，可以告訴你自己適合哪種職業，以及職場上的你是什麼模樣。

　　而代表「表現力」的小指，顯示的是你的溝通能力，從這裡能夠看出你在職場裡的地位，以及你和同事之間的關係。另外，小指也會影響你升遷的快慢。小拇指還能表示你天生的心理狀態及內心不為人知的一面，所以也可同時知道你的抗壓性強弱。另外，中指可以表示你的金錢價值觀，所以與工作

收入有很大的關聯。

這兩根手指並不一定是愈長愈好，依照長短比例的不同搭配組合，工作這也會隨之變化，所以當然是有好有壞的。先找出自己的中指及小指的組合類型，瞭解你所適合的工作，才能知道如何聰明處理好自己的工作。

在不景氣的大環境下，更需要找到真正適合自己的職業。另外，如果想要讓目前從事的工作能長久維持下去，就從這兩根手指找出自己所欠缺的東西，以及該努力的地方。

二 中指與小指的特徵

1、中指的特徵

（1）標準中指

是個身段柔軟、有常識的人，柔韌的你能屈能伸，無論在任何人際關係中，都能立刻與大家融洽相處。另外有常識的你也有很好的執行能力，是能夠在公私之間取得最佳平衡的類型。

（2）長中指

煩惱多且高傲，難以向他人妥協的類型，所以常會強迫他人接受自己的意見。散發出獨特魅力，具有中心人物特

質的你，總會吸引周遭眾人的目光，但是你需要注意的是容易想太多。

(3) 短中指

具有行動力的自由派，迅速果決的實踐能力，讓你能夠早一步做出判斷，所以你很擅長機靈、俐落的行動。美中不足的是思慮略欠周詳，容易有貿然決定的衝動傾向，但是開朗恬淡的你也總能帶動現場的氣氛。

2、小指的特徵

(1) 標準小指

乾脆爽快的交際家，你的內在具備了安定、穩重的氣質，不喜歡發生衝突的你可以和他人建立起良好的人際關係，而

且社交手腕不錯的你，應該也有不少朋友。

（2）長小指

你是服務精神滿分的交際家，說話時的魅力可以吸引他人的目光，你能夠適當的掌握聽眾的情緒，但是也有適得其反的時候，因此招致他人的誤解。

（3）短小指

精明過頭的交際家，你對周遭環境的適應能力很強，無論對象是誰，你都可以隨機應變，屬於協調性極佳的社交家。但是你對於自我推銷的能力略嫌不足，所以與他人的交往容易只限於表面關係。

中指與小指的工作運勢

三 標準中指 & 標準小指

標準中指與標準小指的組合，就是勤勞踏實做好分內工作，並能確實達成一定成績的類型。但是這樣的你對於工作並不會太過執著，所以在這個競爭激烈的社會中，你的起跑速度會稍微比別人慢一點，對於別人託付給你的工作，一定會努力去完成，這就是認真踏實的你在職場上的個性。

你具有一定的社交手腕，所以在職場中的人際關係還算和諧，除了自己的同事，你對上司或下屬等都能維持良性的關係。你會站在自己的崗位上，認真去執行自己應做的事，確實發揮你那不好也不壞且無爭議性的

處世原則。

你所適合的工作應是公務員或大企業、大公司中的員工，而強烈受到時間拘束的工作不太適合你，如果是會影響自己私人時間或個人隱私的職業，可能會讓你累積不少壓力而無法持久。在穩定的職場中以自我的步調行事，才能發揮你自身的優點。比起升官或升遷，能夠從事適合自己的工作，才會讓你感到幸福，雖然你的工作收入只是勉強過得去，但是已足夠應付不景氣的大環境了。

中指與小指的工作運勢

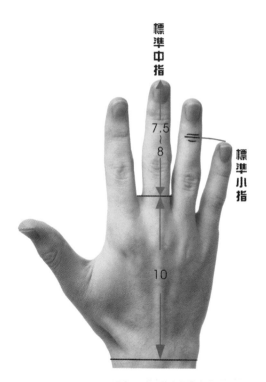

標準中指

7.5
～
8

標準小指

10

測量中指長度以手掌縱向「10」為單位
中指長度是手掌的「7.5~8」為「標準中指」

標準中指 & 長小指

（四）

你是具有一定社交手腕的類型，無論是在何種職場環境，你都能與他人維持良好的人際關係，並且不費吹灰之力和大家打成一片，這樣的你就像是職場裡的潤滑劑。因為你的好人緣，非常適合服務業、業務、櫃檯等與人接觸的工作，如此才能發揮你的能力。對於比較正經八百的工作，雖然你也可以負責的處理好，但是一個人獨自作業可能會讓你備感壓力，職場的環境就是左右你工作運的主因。與其貪心的尋求升遷或加薪，你應該將重點放在工作中的自己，是否能找到真正的樂趣。你對他人有很旺盛的服務奉

獻精神，若是別人有求於你，你更能加倍的發揮實力，因此你很適合社會福利事業或看護的工作。你除了具備一定的常識，且有尋求穩定感的信念外，還有優秀的自我企劃能力，擁有獨特品味的你，說不定也能試著獨立，從事比較自由性質的工作。

受到大家喜愛的你，對於工作並不會感到痛苦，周遭的朋友常會給予你適當的協助，只要你能悠然自得的面對工作，自然就會得到升遷的機會，找到適合自己性格的工作。

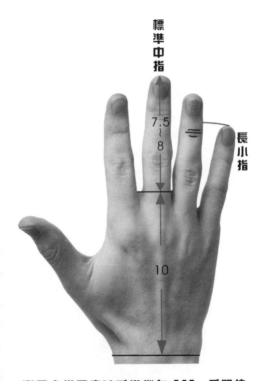

標準中指

7.5
～
8

長小指

10

測量中指長度以手掌縱向「10」為單位
中指長度是手掌的「7.5~8」為「標準中指」

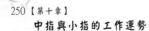

250【第十章】
中指與小指的工作運勢

標準中指 & 短小指

　　能夠將自己融入職場氣氛中的你，對於任何工作應該都有辦法適應，唯一要注意的是你容易變成樣樣通卻樣樣不精的人。當別人拜託你，或將工作交付給你時，你通常不會拒人於千里之外，所以可能會有被他人利用的危險，或是不小心成為他人向上爬的墊腳石。當然你配合度高、個性隨和，但在人際關係中遇到個性較強硬的對象時，也會因此被牽著鼻子走。

　　憨厚老實的你，只要能遇到一位好上司，或是有貴人相助，工作運就能水漲船高。你是受到長輩或上司寵愛的類型，但是當你

想靠自己的力量努力往上爬，尋求升遷機會的時候，反而無法如願以償，其實只要努力做好當下的工作，相信會有人助你一臂之力的。

雖然你也能做好團體或小組的工作，但其實你還是比較適合獨立作業，對你來說，按照自己的步調來工作是很重要的。這樣的你適合美術設計師這類需要資格或技術性的職業，以及如會計等辦公類型的工作，忍耐力超強的你不會輕易更換工作，所以收入呈現十分穩定的趨勢。

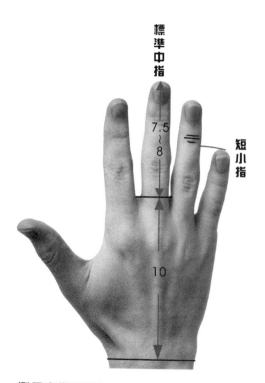

標準中指

7.5
~
8

短小指

10

測量中指長度以手掌縱向「10」爲單位
中指長度是手掌的「7.5~8」爲「標準中指」

六

長中指 & 標準小指

　　屬於我行我素的類型，在職場中的人際關係還能保持著協調性勉強應付，但是若談到公事，就絕對不輕易妥協，甚至會變成頑固不講理。對自己的工作感到自豪，絕對能堅持到最後一刻，努力完成，渾身充滿了師傅或專家的氣息，而你克己般盡忠職守的態度，不但獲得上司的認同，也受到部屬或後輩的敬仰。

　　工作中的你會展現嚴厲、規矩的一面，但是只要離開工作崗位，你又能表現出和藹可親的態度，是公私分明的人。不過你不會很主動去努力提升業績，也不會誇大、張揚

自己的能力，所以在團體中並不十分耀眼突出，因此升遷速度不快也不慢。對於要求極盡完美的工作，你也能遊刃有餘的做好，所以就算是個自由職業者，也能頗受好評並有穩定的收入，在一般的公司企業或打工兼職等，也能獲得他人肯定，收入增加。但有時對工作全神貫注的你，會變得無法與他人講道理，因此可能會被孤立，此時在職場中的你，需要的是能讓自己放下戒備心的朋友。

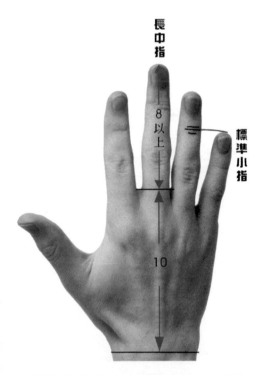

長中指

標準小指

8以上

10

測量中指長度以手掌縱向「10」為單位
中指長度是手掌的「8」或以上為「長中指」

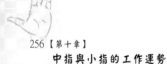

中指與小指的工作運勢

長中指＆長小指

　　你充滿了智慧與活力，屬於能力很強的類型，只要是自己有興趣或喜好的事物，你一定會想努力深究，培養出屬於自己的技能，你也會因此成為職場中不可或缺的存在，並且受到大家的尊敬。你屬於職場核心人物的類型，充滿話題的你，不僅能談工作方面的認真話題，甚至也可閒聊一些輕鬆的事情，屬於超人氣天王。但是在工作崗位上，你會變得十分嚴肅，對自己堅持的意見常常不輕易退讓，有時會因此引起衝突或爭執。在工作環境中產生的麻煩或問題，可以試著在下班後和同事們吃飯喝酒，趁機緩和緊張

氣氛並解決問題。

　　具備執行能力及萬人迷魅力的你，無論
在任何工作中，都能輕鬆的適應自如，所以
最重要的是你是否喜歡這份工作，只要自己
真心喜歡，你就會心甘情願去做好。只要能
掌握這一點，你的升官機會或工作收入就是
非常值得期待的，無論是團體性的工作，或
是一人獨自創業，對你來說成功的可能性都
很高。

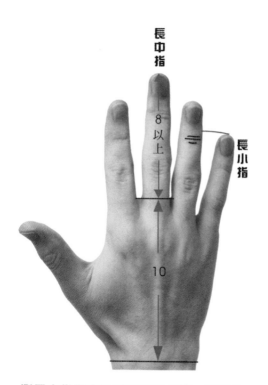

長中指

8
以
上

長小指

10

測量中指長度以手掌縱向「10」為單位
中指長度是手掌的「8」或以上為「長中指」

長中指 & 短小指

　　長中指與短小指的矛盾組合，這樣的你在職場上非常龜毛，是極力認真努力的類型，而在人際關係的互動中又能隨機應變，不管是任何對象都能用柔軟的身段對應，所以你同時擁有兩種互相對比的能力。你的獨立自主性很強，所以不善於小組工作或是集體行動，因為你可能會成為製造問題的人物。如果必須待在團體中工作，較適合企劃、研發或業務等，可以一人獨自完成的工作內容。

　　你具備了良好的溝通能力，懂得表達自己充滿創意的點子，自我行銷也做得十分完

美，適合當小說家或是隨筆散文作家。在團體中，你總能快速獲得升遷機會，因為大家會認同你，而且你很少犯錯，所以上司會注意到你的優點。但是你的獨特性在受到大眾認同前，勢必會花上一段時間，在成功降臨之前，會有稍微辛苦的一段路要走。整體來看，你的最終收入是很多的，但在年輕時會有較不穩定的情況，而且在找到真正適合自己的工作以前，不斷轉換行業或是換工作也是這個類型的特徵。

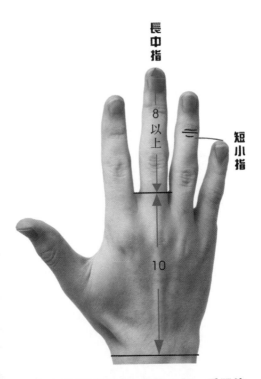

測量中指長度以手掌縱向「10」為單位
中指長度是手掌的「8」或以上為「長中指」

短中指 & 標準小指

　　開朗又活潑的你，對於工作是屬於樂在
其中的類型，你的執行能力很強，總能迅速
敏捷完成工作。做決定時絕對不會猶豫的
你，無論面對何種工作，都能立即掌握訣竅，
以飛快的速度前進。另外你非常懂得情緒管
理，所以就算失敗了，也能簡單的切換思維，
立刻樂觀積極面對下一個工作。

　　在職場的人際互動方面，你的存在總是
受到大家的愛護，因此可以聚集不少人氣，
而且在與同事們同歡的宴會或聚餐場合中，
你會成為大家爭搶的大紅人。

你能發揮向心力，使大家團結一心，所以常會被提拔為領導人物，並幫助提升小組的業績，自然也能早一步獲得升遷的機會。儘管你在大家眼中是個很能幹的人，但你也不會因此擺架子或是驕傲自滿，所以應該沒有人會和你爭風吃醋而扯後腿。不過只有一件事會降低你的工作運，那就是你衝動的個性，你不顧一切的衝動行事，有時會變成引發嚴重問題的導火線，這點絕對要多加留意。只要你對工作能養成冷靜沉著的處事與思考習慣，相信無論任何行業及職業都能成功。

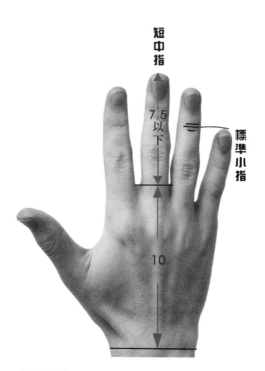

短中指

7.5
以下

標準小指

10

測量中指長度以手掌縱向「10」為單位
中指長度是手掌的「7.5」或以下為「短中指」

短中指 & 長小指

　　短中指與長小指的矛盾組合，代表你將智慧與體力都全神貫注在工作上，你擁有很棒的技術與能力，且能積極迅速完成工作，所以應該非常適合職場生涯。在職場上你與同事間的互動關係十分圓滑，善於營造輕鬆愉快的談話氣氛，具有掌握他人心理及情緒的談話技巧，所以你適合業務、接待類型的服務業，需要與人接觸的工作，將使你的能力發揮到最大極限。

　　無論是在團體中或是個人工作，你在社會上都能很快獲得良好的評價，因此你也許會在年輕時就被託付重大責任，也有薪水瞬

　　中指與小指的工作運勢

間加倍的好運。但是這種類型的人愈在急速衝刺時，愈是隱藏著突然墜落的風險，所以你在工作順利時，更應該時時喚醒自己的注意力，你得意忘形的時候，要小心突如其來的被人絆倒。另外當事情無法順利進展時，你容易產生半途而廢的想法，與其不斷地換工作，倒不如放慢腳步、穩紮穩打，更能從中找到適合自己的東西。

短中指

7.5
以下

長小指

10

測量中指長度以手掌縱向「10」為單位
中指長度是手掌的「7.5」或以下為「短中指」

十一

短中指 & 短小指

　　你的適應能力很好，行動也很敏捷，所以非常適合生存在這個競爭的社會中。因為你可以立刻融入職場環境，所以你所適合的工作類型及領域也非常廣泛，坐在辦公桌前面的事務性等工作不太適合你，無法徹底活用你本身具有的特色。

　　雖然你有很好的能力，但是在工作方面會有點提不起勁，欠缺活力，因此你不適合長時間或長期專注於同一事務中，反而是速戰速決的工作才能讓你更加活躍。想要發揮自己的能力，你需要的是充滿變化及挑戰性的工作，因為你的配合度極高，在小組工作

269

或與人搭檔時，都能確實將工作做好，但是可能會在一味配合對方的同時，失去了自我。所以你仍是比較適合單獨行動的工作類型，如果必須與他人合作，穩重且能和諧相處的對象才能適當發揮彼此的能力。

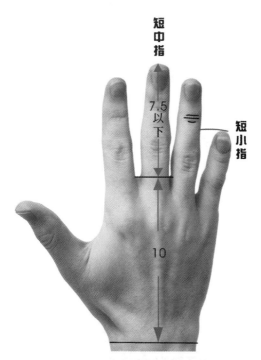

短中指

7.5
以下

短小指

10

測量中指長度以手掌縱向「10」為單位
中指長度是手掌的「7.5」或以下為「短中指」

271

第十一章

無名指與
小指的
天生特質

第十一章

無名指與小指
的天生特質

代表感性的無名指及潛在能力的小指，這兩根手指的各種長短組合，可以告訴你具有什麼樣的品味及才華。並不是兩根手指都很長就代表有很好的品味，需要看兩根手指長度比例的組合來決定你的類型。無名指及小指的組合是代表內在的你，與其說是外在的品味或才能，不如說是代表你的潛在能力。

表示「感受力」的無名指可以看出你的美感及審美眼光的強弱，另外也代表了你對

於藝術領域或流行事物是否具有積極的興趣。無名指中隱藏了你先天的纖細特質及價值觀，而慾望的強弱也是由無名指決定的，愈長的無名指表示慾望愈強，你強烈希望周遭的人能認同你的美感，而愈短的無名指則對名譽的慾望顯得淡薄多了。

小指代表你內在的一面，從這裡可以看出你天生的特質，它顯示了你頭腦的靈活度及潛在的智慧，而你的機智與幽默感也潛藏在小中。小指也是象徵「表現力」的手指，如果和表示「感性」的無名指結合，可以看出你的創造力與獨創性的才能以及這兩根手指的長短比例組合，就能知道你具備什麼樣的創作能力。另外從這兩根手指也可以看出你會如何安排自己的日常生活，以及在扮演

該角色時所具備的能力。除了私底下的你，

在工作職場中的待人處事模式，也都受到無

名指及小指的影響。

【第十一章】
　　無名指與小指的天生特質

無名指 & 小指
的九種組合

　　表示感受力的無名指可以看出你的美感及審美眼光的強弱，另外它也代表了你對於藝術領域或流行事物是否具有積極的興趣。無名指中隱藏了你先天的纖細特質及價值觀觀，而慾望的強弱也是由無名指決定的，愈長的無名指表示慾望愈強，你強烈希望周遭的人能認同你的美感，而愈短的無名指則對名譽的慾望顯得淡薄多了。

　　小指代表你內在的一面，從這裡可以看出你天生的特質，它顯示了你頭腦的靈活度及潛在的智慧，而你的機智與幽默感也潛藏

在小指中。小指也是象徵「表現力」的手指，如果和表示「感性」的無名指結合，可以看出你的創造力與獨創性的才能，亦能知道你具備什麼樣的創作能力。另外從這兩根手指也可以看出你會如何安排自己的日常生活，以及在扮演該角色時所具備的能力。除了私底下的你，在工作職場中的待人處事模式，也都受到無名指及小指的影響。

二

無名指與小指的特徵

1、無名指的特徵

（1）標準無名指

你對事物擁有標準的感受力，所以審美
觀也不會與大家差距太大，屬於能夠跟
上流行腳步的類型，但是略嫌沒有個人
特色是你的缺點。

（2）長無名指

在審美觀及品味方面都很強的你，可以
獲得不錯的名譽及名聲，但是想要成名
的慾望越強，反而會使你利慾薰心而跌
得更慘。

(3) 短無名指

無法察覺自身素質的糊塗派，感受力不足的你對於外在美醜顯得漠不關心，你並沒有想要引起他人注意的慾望，所以就算完全被他人忽視也無所謂。

2、小指的特徵

(1) 標準小指

乾脆爽快的交際家，你的內在具備了安定、穩重的氣質，不喜歡發生衝突的你可以和他人建立起良好的人際關係，而且社交手腕不錯的你，應該也有不少朋友。

(2) 長小指

你是服務精神滿分的交際家，說話時的

無名指與小指的天生特質

魅力可以吸引他人的目光，你能夠適當的掌握聽眾的情緒，但是也有適得其反的時候，因此招致他人的誤解。

（3）短小指

精明過頭的交際家，你對周遭環境的適應能力很強，無論對象是誰，你都可以隨機應變，屬於協調性極佳的社交家。但是你對於自我推銷的能力略嫌不足，所以與他人的交往容易只限於表面關係。

三

標準無名指＆標準小指

　　無名指及小指都屬於標準長度的話，你在社會上就是屬於中心階層的類型，你和多數人的價值觀極為接近，你不會強迫他人接受自己的個性，且喜歡大眾化的東西。

　　你能對名牌商品做出正確評價，且該評價通常都是大家公認最標準的價值觀，由此可見你隨時都抱持著最安全與標準的意見。

　　你具備自己獨特的感性，但是也不會與當下的流行事物唱反調，十分隨和的你，擁有能夠接受各類領域的感受力。你的神祕才能可以眼觀四方，並且立刻分辨出真正的標

準中心。所以在團體內也能找到最貼切適當的位置，這是一種降低風險，讓自己處在安全環境中的才能。

你可以察覺到大多數人所喜好的事物，所以總能創造出一些較普遍大眾化的東西，對你自身來說，一個好的創作，就是能夠讓大家都開心且受大眾喜愛的作品。對於流行服飾裝扮，你會選擇最安全的方式，其實稍微主張自己的獨特性應該也不錯。

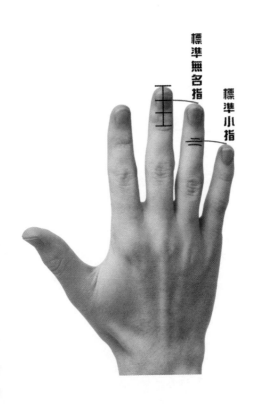

標準無名指

標準小指

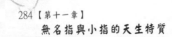無名指與小指的天生特質

四 標準無名指＆長小指

　　你的感受力雖然也屬於大眾化的傾向，但你具有懂得利用這點的才能，隨和、表現能力又豐富的你，能夠將自己的感性百分之百去活用發揮，因而獲得周遭的贊同，並且抓住更多觀眾的心。你的價值觀非常標準且普遍，又是個有常識的人，所以對你持反對意見的人應該少之又少，這樣的你善於擄獲支持者的心。不過如果你將這份才能用在只對自己有利的地方時，支持者們會開始累積對你不滿的聲音，最後反而會從中出現強勁的敵手，所以不要總是只想著自己，應該試著多為他人著想。

另外你能夠結合自己的感性與才能，發揮你的創造力來炒熱場子，帶動現場的氣氛，因此你屬於主導能力強的類型，善於掌握團體的脈動。在流行穿著方面，百變穿搭是你最拿手的，想要表現自己與眾不同的魅力，就從這裡下手吧！只需要隨意去搭配服裝或配件飾品，就能創造出屬於你的流行感。

無名指與小指的天生特質

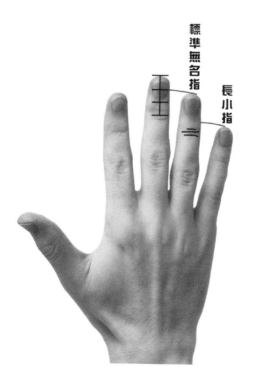

標準無名指

長小指

三

標準無名指＆短小指

標準長度的無名指代表你有很標準大眾化的感受力，而短小指則顯示你具備了十分良好的協調性，但是有時就是因為太過隨和，而無法發揮自己的獨特性。即使你本身蘊藏著無限的可能性，你也會在不自覺中加以壓抑，就算你內心其實很想這麼做，也總是無法實際付諸行動。你具有多樣的才華，無論什麼事情都能做出適當的應對，但是樣樣精通的你，就是因為太能幹、聰明，反而無法發現真正的自己。私底下的你應該開發專研自己的個人興趣，相信你的神祕才華將有開花結果的一天。

雖然你不是創造性的類型，但可以活用周遭環境的事物，因此你在流行穿著打扮方面總能吸引眾人的目光，就算不需要名牌衣物的陪襯，也能做出令他人驚艷的流行穿搭。

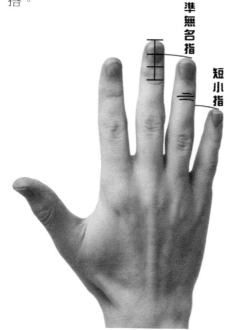

標準無名指

短小指

長無名指＆標準小指

　　你具有十分敏銳的感受力，但是你不會積極的想要將它表現出來，一方面你期望獲得他人的優良評價，另一方面你又會壓抑自己的才能，只求用最安全的方式度日，你的興趣應該可以發展成獨特的才能，走出屬於自己的一條路。你十分重視自己的這份才能，即使沒有刻意表現在外，總有一天也會引起大家的注意，你的才華開花結果的時候，相信一定會受到大家的注目，屬於在自然而然中受到大家肯定的類型。

　　敏銳的審美觀及感受力，讓你擁有很獨特的想像力，可惜你總是低估這一點，以為

這項才華只能隱隱發光，其實你應該更自信一點，多讓大家瞭解自己的才能。另外優越的美感使你對於流行事物有領先他人的敏銳度，尤其是一些小東西的搭配能讓你展現出獨特的個性魅力。你也會運用具有畫龍點睛效果的配件，使大家的目光不禁停留在你身上，這樣的你總是在不經意間吸引他人的注意。

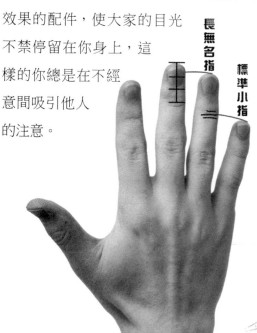

長無名指

標準小指

長無名指＆長小指

你除了具有敏說的感受力之外，也能將這份才能充分發揮，你會把自己所感受與捕捉到的事物，以最簡單易懂的形式介紹給大家。你的價值觀非常有獨特性，只要是自己覺得很棒的東西，就算是社會大眾對其評價甚低，你也會把它當成一塊寶，所以並不受社會上一般的想法所左右。但是你強烈希望周遭的人也能瞭解自己的價值觀，所以你的態度難免變得十分強硬，如果他人無法理解你的想法，請試著檢討一下問題是不是出在態度上，只要能夠以較婉轉的方式說明，相信對方應能接受。

你天生就擁有很棒的創造力，腦海中常會突然浮現一些別人都無法想到的好點子，因而創造出充滿原創性的作品，這樣的創造力應該能充分活用在工作或日常生活中，如果想要將其發揮在工作場合中，在取得大家的認同前，勢必得先花上一番苦心。

對流行服飾、彩妝部分的品味，有時候會顯得稍微花俏艷麗，試著收斂一點，相信更能發揮彰顯你自身的特質。

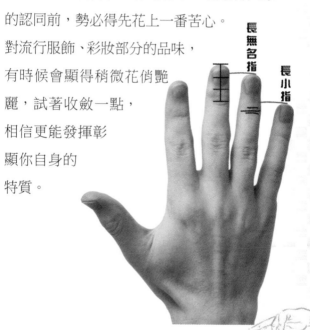

長無名指

長小指

長無名指 & 短小指

八

你擁有自己獨特的感性，可惜的是你不太懂得如何發揮，由於你不擅長向他人表達自己的意見或自我行銷，因而無法獲得他人的認同，也容易感到苦惱或累積壓力。其實如果想要發揮自身的才能，比起透過溝通或與他人談話的方式，你顯然比較適合將其表現在可以獨自一人完成的工作上。自己一人默默完成作品的你，是屬於受到世人矚目的藝術家類型，因此若能將你的創造力放到作品的創作上，不失為是一個解除壓力的好方法。

你有十分特別的感受力，擁有很豐富的

創作才華，只是在團體中無法掌握機會來發揮這份才能，因此憑藉個人獨自的努力，較有機會讓你的才能開花結果。想要得到周遭認同的簡單方法，就是在眾人聚集的場合中，提出想擔任攝影或記錄等職務，相信這將成為你向他人展現自身才華的時刻。在流行服飾的穿搭上，你常會故意選擇最安全、普遍的穿著。其實可以應該多多表現自己的特色，不妨嘗試些不同的顏色搭配。

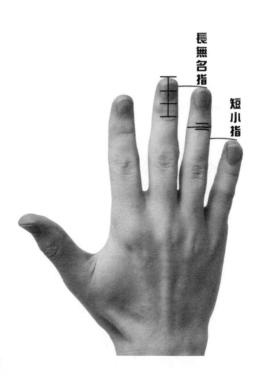

長無名指

短小指

　　無名指與小指的天生特質

短無名指 & 標準小指

你對於自己所擁有的感受力並無多大關心，因為你喜歡風平浪靜的安穩度日，所以對於獨特性或感性等事情，其實沒有太多興趣。這樣的你總顯得從容不迫，將最真實直接的自己呈現在大家眼前。你很少會認真思考自己的才華或價值觀，也不會主動鍛鍊、琢磨這一部分，所以會將這份天生難得的才能浪費了。

你本身具有的素質及才華，常因你的忽略而沉睡不醒。你擁有自己都無法察覺的審美觀及才華，所以請試著去審視，發現它存在於哪個部分，又具有何種發展的可能性

吧！對於自己有興趣的東西，毫不猶豫地伸出你的觸角，一旦注意到適合自己的東西，你就會立刻展現積極的態度，對於磨練這項才能的興致也會因此升高。

這種類型的人只要開始有所動作，就能夠漸漸發揮自己的創造力，你的配合度及協調性很好，在團體工作中，能設身處地為他人創造出適合的作品。在流行服飾品味方面，容易顯得過於樸素的你，應該偶爾冒險一試。

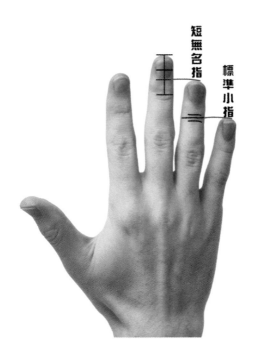

短無名指

標準小指

短無名指&長小指

你十分善於整理自己的思路，雖然你的品味及感性並不特別突出，但能將自己所感受的事物，以十分聰明的方式表現出來，能利用既有的才能來表現自己，比起一些獨特的藝術性，你對於大眾化的事物有較敏銳的感受力，並且能與周遭的人分享這份價值觀。因此你能創作出大多數人所指望的一些作品，極富創造力的你，在日常生活中會隨意從一些小地方找到靈感，並藉此創造出新的事物，喜歡動腦筋、花心思的你，總能發揮自己與生俱來的品味。

只要你能讓自己的品味發光發亮，相信活躍的領域將更寬闊，多到劇場或美術館這類地方走走，接受更多靈感的刺激吧！你的缺點是注意力總是無法集中，因此容易分心或轉移注意力，盡量同時涉獵不同領域的事物，應該可以更有效率來發揮自己的才能，這樣也才能活用時間。對於流行穿著及彩妝，你總是不需花大筆的錢，就能將自己打扮得很漂亮。

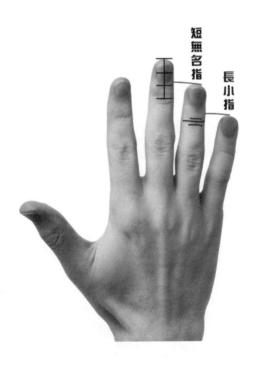

短無名指

長小指

無名指與小指的天生特質

短無名指＆短小指

　　短無名指顯示你對於美麗的事物，並沒有太多的關心及好奇，你對這些事物的感受力顯得很誠實、直接且被動，當所處環境產生變化時，自己也會跟著受到影響。短小指代表了能夠臨機應變的協調及隨和性，也暗示有被動的傾向，因此這就說明了你的同化性很高。

　　你具有與他人一樣的普遍價值觀，所以常常無法跳脫出這股潮流的框架，只是一味被動接受的你，很難自己主動創造出新事物。正因為如此，你能夠樂在其中盡情享受，是屬於優秀稱職的消費者，因此你的創造能

力並不高。

　　你對流行服飾與彩妝的注意力較弱，但是對於已經到手的東西，應該可以藉由自己的方式，使其展現出更高一等的品味，所以在這方面，你不妨試著多做投資，跟隨流行的腳步固然很重要，但重點仍在於是否適合自己。這種類型的人只要琢磨自己的品味，相信絕對有發光發亮的一天。

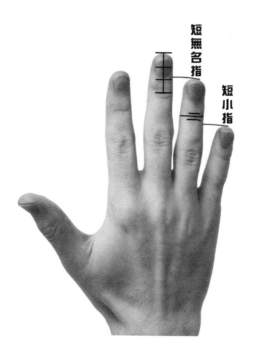

短無名指

短小指

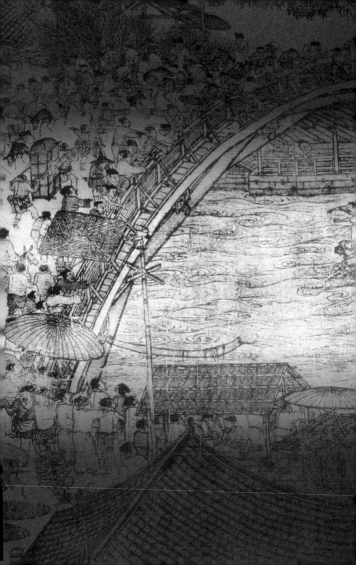

第十二章

幸福手指
的秘密

手指占卜簡易法

一

要占卜自己的手指並不會花太多時間，但是若想給他人占卜，有的人卻怎麼也不肯把手借給你，在這裡我要介紹一些可以從偶然一瞥或是輕觸之下就能瞬間知道的占卜方法，大家不妨試著做做看。

首先重點就是手指的關節，手指關節大致上可以分為兩種類型：一種是平順筆直，且手指本身也呈現漂亮的形狀；另一種是指關節的骨頭明顯，比較粗壯的類型。

關節不明顯、手指形狀平順的類型，是直覺比較強的人，除了有纖細敏感的感情

外，情緒也很豐沛。但若是第一節與第二節
的關節都很平整，一點也不突出，可能會過
度的情緒化，而降低面對現實狀況時的應對
能力，這種類型的人喜歡以自己的方式活在
自我幻想的世界中，所以沒什麼實踐能力。
如果你的手指關節呈現非常平滑的現象，記
得要提醒自己多做一些規劃，不要成天只追
求不切實際的夢想。如果你的另一半是這種
類型的人，切記絕對不能將主導權交到他的
手裡，因為他很有可能是口若懸河，卻常常
光說不練，面對這樣的人，你應該在後面用
力推他幾把，不斷地為他打氣。

　　粗壯明顯的指關節暗示著你有極佳的理
性，不會只顧追求夢想而失去現實的理智。
另外指關節愈是突出，代表你擁有的智慧愈

高，但若是第一和第二節的兩個指關節都很突出，代表上述特色更明顯，所以難免有神經質的傾向。這樣的人會過度在意一些小細節，反而忽略了真正重要的部分。

其實，並不一定需要仔細的看每一根手指的關節，只要透過與對方握手，從手掌中傳來的觸感去試著判斷即可。

二　改善體質與運勢的手指按摩法

大家都知道，按壓穴位可以緩解病症，並使身體保持健康，這是因為在中醫的觀念裡，穴位都在經絡上，也就是元氣能量的通道。據說人的全身共有 365 個穴位，其中手上的穴位就佔了 30 個左右。

手上的穴位中，中指代表頭部，手背就像我們的背部，而手心則代表內臟。所以如果從手背來看這些穴位與身體的對立關係，大拇指是右腳、食指是右手、中指是頭部、無名指是左手，小指是左腳。反過來的手掌

心部分，大拇指代表肝臟、食指是心臟及小腸、中指是胃、無名指是肺部及大腸、小拇指則是腎臟及膀胱。還有，掌心部分也有連接所有內臟器官的各種經絡通過，因此不用直接按摩身體，只要按壓手上的穴位，就能對應全身的器官了。如果想瞭解全身上下所有的穴位，可以參考與其相關的專門書籍或請教專業人士。

在每一根手指的指尖及指緣部分都有穴位。按壓大拇指的穴位可以強化呼吸器官及肝臟，食指則能刺激小腸幫助消化，中指的穴位能夠有效減輕壓力，而按壓無名指的穴位會調節促進激素的分泌，能夠減緩生理疼痛或更年期的症狀，最後泌尿系統可以按壓小指的指尖穴位，這不僅可以促進循環，還

能消除腿部浮腫。即使身體沒有感到不適，也建議大家養成按摩穴位的習慣，相信會對體質的改善及調整有幫助。

不管你具備了多好的資質或實力，當機會降臨在你身上時，若不懂得及時掌握的話，就毫無意義可言。不要糊裡糊塗眼睜睜看著機會跟你擦身而過。如果機會已經送到你的門前來，就趕快做一些能振奮精神的按摩吧！

你不妨試著用力搓揉代表內在人格的小指，記得將注意力放在關節的內側，這樣的按摩方式可以把壓力從你的心裡通通趕跑，並促進全身的血液循環，此時躍躍欲試的挑戰精神就會自動從你的內心湧現。另外按摩小指也可以調整激素的分泌，使你充滿光鮮

亮麗而的好氣色，提升自己的人氣指數。如果是需要冷靜沉著應對的場合，像與人交涉、談生意，甚至是尋求和解時，就試試能讓你保持冷靜的手指按摩法。

以中指的第一關節為中心，抓住指緣與第一指，像用力拉扯般慢慢的給予刺激。中指指尖的按摩可以刺激大腦與神經，讓隱藏於其中的社交性能量瞬間倍增，如此一來，你就能保持冷靜的態度，不但能順利的與對方溝通，甚至運用進一步掌控領導權。另外如果想讓情緒穩定，可以將重點放在手指按壓上，用大拇指與食指夾住手指，大拇指放在要按壓的指甲上，稍微感到疼痛才是正確的。另外在輕輕按壓之後，再按摩剛剛覺得會痛的地方，這些動作可以讓你的神經放

鬆，對於不穩定的情緒有很好的效果。當你
必須站在大家面前發言，或是要對喜歡的對
象告白時，相信大家都會變得十分緊張，在
這時刻，只要慢慢的按壓手指的部分，就可
以減緩緊張的情緒了。

三

從甲面看出你
的身體狀況

1、注意指甲的變化

我們剪指甲的時候，完全不會感到痛或
流血，但是就像頭髮一樣，指甲的根部是與
身體連在一起的，因為指甲非常硬，甚至有
人會將其誤解為是手指骨骼的變形或延伸，
這其實是錯誤的觀念。我們的指甲其實是角
質化後的毛狀纖維，它的成分和頭髮一樣，
是蛋白質與角質素。另外指甲與皮膚相連的
部分中，聚集了許多神經末梢及微血管，所
以指甲可以迅速反映出你現在的健康狀況。
標準的指甲大小及長度約佔第一節的一半，

且指甲的長寬比為四比三，如果呈現透出光澤的狀態，並且是健康的粉紅色，就是標準健康的指甲。如果你的指甲就算有健康的顏色及光澤，但是屬於比較長的話，可能是神經或呼吸系統比較虛弱，需要稍微注意一下自身壓力或所處環境的問題。

寬度較寬的短指甲，代表要注意消化系統、泌尿系統或婦科疾病等問題。平時應該定期接受健康檢查，做好預防才能及早發現，及早治療。如果你的指甲整體面積較窄小，應該注意是否有心臟方面的疾病，另外指甲呈現紅色或是紫黑色的話，請立刻到醫院接受檢查。而指甲若是倒三角的形狀，以及指甲的寬度細到指緣的肉都好像已經包覆住指甲的情形，就是體質虛弱的症狀。如果

指甲的前端呈現向下彎曲，就像是倒蓋著的湯匙一般，此時應該當心是否有脊椎或呼吸系統方面的問題。指甲的顏色變成紫色時，就是十分危險的警告。另外如果指甲的生長狀況有翹起來的外翻傾向時，代表你累積過多疲勞，已經對心臟造成嚴重負擔，此時你最需要的就是好好的靜養休息。一直以來都很正常的指甲，如果開始出現向指尖凹陷的狀況，可能是出現中毒的症狀，請盡速找醫生檢查。

2、出現在指甲上的恐怖警告

指尖的指甲可以將目前的健康狀態告訴我們，它就像一個能發出警告的信號燈一樣，所以只要看見指甲上出現了信息，就得趕快找出問題出在哪裡才行。

如果原本光滑平整的甲面出現了縱向紋路，意味著你的身心呈現過度疲勞的狀態，失去元氣，抵抗力也銳減，如果剛好又碰上感冒而不就醫，還可能會發展成肺炎。但若是為了補充元氣而過度劇烈運動，攝取過多營養，反而會因為太過突然的變化產生不好的影響。當身體疲憊虛弱時，更應該要照顧好腸胃，不要增加腸胃的負擔，並且多多補充睡眠。

　　如果甲面上出現的是橫向紋路，意味著重大疾病的前兆或身體狀況的突然變化。這些紋路會隨著指甲變長而跟著往上長，但不能因為這些紋路消失就開始疏忽大意。這些紋路提醒你不要再犯同樣錯誤，所以至少在未來半年至一年的時間，都應努力改正你的生活習慣。若指甲的前端在不自覺中出現缺

口，這就是營養不良的信號，此時請多攝取鈣質或蛋白質，一段時間過後，這種症狀還是一直持續的話請到醫院接受寄生蟲檢查。

甲面出現一個白色的斑點，代表是幸運降臨的徵兆，看看斑點出現在哪一根手指上，該手指所象徵的好事應該會發生在你身上。但是若出現一個以上的白色斑點，則是不祥的預兆，可能會發生令你難過的事，請先做好心理準備。

若出現在甲面上的斑點是黑色的，不論斑點的多寡，都暗示將有厄運降臨，容易猶豫困惑或失敗。觀察出現黑色斑點的手指，你很有可能會失去其所象徵的事物或代表的東西，此時的你需要格外謹慎小心的行動，以免引發不必要的錯誤。

指甲可以看出你的個性

（四）

以下 9 款指甲形狀的性格是否與你一樣，而你是符合哪一種呢？

1 直長指甲

脾氣溫和的浪漫主義者。這種指甲的人右腦較為發達，性情溫和浪漫，具有豐富的想像力，但容易被騙，所以在人際交往上必須要提高警覺。

2 橫短指甲

脾氣不好的理想主義者。這種指甲的人左腦比較發達，喜愛表達意見，有話題愛和人爭論不休，性格急躁、缺乏耐性，與右腦

發達的人通常相處不來。

3 圓形或蛋形指甲

隨心所欲的和平主義者。這種指甲的人會隨遇而安，能和各種性格的人和睦相處，時常扮演和事佬的角色。

4 方形指甲

認真而固執。這種指甲的人擁有毅力與勇氣，但是做事一板一眼且缺乏彈性。

5 三角形或倒三角指甲

心思細膩的天才。擁有倒三角形指甲的人可能會有點固執己見，而正三角形指甲的人，則過度心思敏感，且無法忍受周圍輕率的人。

6 杏仁形指甲

忠誠而老實。這種指甲的人有豐富想像力，待人真誠，很有禮貌，缺點就是容忍度比較低，導致容易發火。

7 劍形指甲

抱負不凡的理想主義者。這種指甲的人為了達到目的會毫不猶豫的全力以赴，但缺乏團隊協調能力。

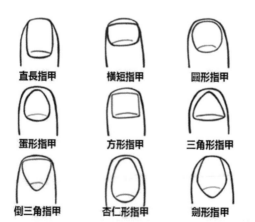

直長指甲　　橫短指甲　　圓形指甲

蛋形指甲　　方形指甲　　三角形指甲

倒三角指甲　　杏仁形指甲　　劍形指甲

五 出現在甲面上
的吉凶徵兆

1 橫向紋路

代表在身體或精神方面，你的心臟受到了刺激，此時應特別注意可能會突然產生心肌梗塞的症狀。當我們的健康出現異常時，指甲常會停止生長，並出現橫向紋路。

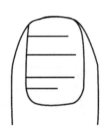

324 【第十二章】
幸福手指的祕密

2 縱向紋路

身體與心靈都陷入疲憊狀態的信號，尤其表示心臟、血管、血液等循環系統或呼吸器官有異狀。

3 黑色斑點

出現該斑點的指甲，對應的事物可能會受到不好的影響。

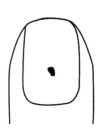

4 白色不規則形斑點

如果斑點的形狀呈現不規則形，或是同一指上同時出現兩個以上的斑點，則是不祥的徵兆，可能是分離或疾病的預兆。

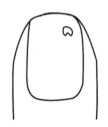

5 白色圓形斑點

若出現一個白色的斑點，代表是好運的信號。可能會有幸運的邂逅、突然的金錢收入，或是戀愛運與金錢運處於極佳狀態。

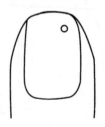

(新書介紹)--生命靈動數探討

這個單元就是東南亞及臺灣及大陸目前正火紅的數字算命術，很準。

學數字算命比學八字、紫微卜卦都容易許多，除了好學時間短，運用廣以外，就是接受度高，希望你能用心學會，且好好運用。

吉祥坊有開發生命靈動數的線上軟体
如需試用版(開放 30天)請加line id
@A228 索取

四解脫壇城

蓮師伏藏文武百尊
四解脫咒壇城
(佩解脫、觸解脫、見解脫、聞解脫)

　　佩戴時等同念誦一億次百
字明功德，往生五方佛淨土；
見到者，不用打坐，即可成就
，七世解脫，往生文武百尊淨
土；下施煙供時，放在煙供粉
上燒，魔障消除，聞者解脫六
道痛苦；屍體上放(觸)，往生
金剛薩埵淨土；出家人破戒，
破戒消除。

吉祥如意風水寶瓶

功德：

安此大寶瓶功德不可思議；此大寶瓶不同其他，可興風水、助運勢、身強健、辦事成。

「藏地」成風水寶地(埋於地面)，人聰麗、家庭和睦、生意興旺、風調雨順、國運昌隆。

作用：

可淨化：若地方因戰爭、殺戮、自殺、瘟疫魔難等所生不祥之地。

可避禍：地震、水災、風災、火災等大自然災害。

可解除：屋內風水不好，產生沖煞、疾病、各種魔障。

可旺地：動土、蓋屋、建寺，埋此地旺。

改風水：墳墓、塔位安此好風水。

可光明：佛堂安住生光明。

可改變：「陰宅風水地理不佳」之狀況。

化形煞：「陽宅地理不佳」，外陽宅任何形煞。

變磁場：

內陽宅磁場不好都可藉由風水寶瓶來開運制煞，風水陽宅好全家平安，運勢佳，身體安康，工作事業順利，財源廣進。

內容：

此大寶瓶蓮花為座，八吉祥緣起咒繞，上供摩尼寶，內依地水火風壇城、文武百尊壇城為輪，擦擦佛塔為脈

裝臟內容物：

泥塑佛塔、七寶石、珍寶、時輪金剛、佛卡經文、舍利子、經軸、珍貴藏藥、米、地水風火壇城、佛陀出生地、成佛地、桑耶寺、雍措湖、雪域等加持物，印度八大聖地、

不丹、臺灣、大陸聖地之土，時輪金剛本尊，一字續觸解脫為經文，另各類經咒緣起咒加持，西藏各大寺甘露丸及七寶石做供養，升起金剛大寶帳。

加持： 依伏藏經文如法製作，灑淨、加持，裝臟後由金剛上師七天閉關修法加持、開光。吉祥圓滿。

吉謙坊命理開運中心服務項目

服務項目	費用
一、綜合姓名、面相、陰陽宅、八字命理諮詢	2000 元
二、綜合姓名學命書一本	1200 元
三、八字流年命書一本	1800 元
四、奇門遁甲求財、考試、旅遊、合夥、婚姻、購屋、訴訟、盜賊、疾病等等吉凶用事方位	1200 元
五、逢凶化吉，趨吉避凶轉運金牌（附八字流年命書）	5000 元
六、命名、改名（附八字流年命書，改名上表疏文）	3600 元
七、公司命名（附八字流年命書）	5000 元
八、擇日、起攢（撿骨）、火化、進塔	10000 元起
九、一般開市、搬家、動土擇日（附八字流年命書）	2000 元
十、嫁娶合婚擇日（附新郎、新娘八字流年命書）	3600 元
十一、剖腹生產擇日（必須醫生證明需要剖腹生產）	3600 元
十二、陽宅鑑定	6000 元
十三、陽宅規劃佈局（附男、女八字流年命書）	16000 元起

十四、入宅安香、安神、安公媽	10000 元起
十五、開運印鑑（附八字流年命書）（紅壇木、琥珀、赤牛角等，印鑑擇日開先）	9000 元起
十六、開運名片（附八字流年命書，名片擇日開先）	5000 元
十七、數字論吉凶（找尋最適合自己的幸運數字，包括先天與後天數字）	1000 元
十八、專題講座、喪禮服務、前世今生	電洽或面洽
十九、生基造福（此地產權與使用權清楚，達到催官、增壽、進祿、招財、保命、啟智之效，請參考 www.3478.com.tw）	電洽或面洽
二十、各類開運化煞物品（請參考 www.3478.com.tw）	電洽或面洽
廿一、賣屋動竅妙、訴訟必勝法、無法入睡、收驚尋人、考試投標助運等	電洽或面洽
廿二、命理五術教學	電洽或面洽

服務處：高雄市茄萣區茄萣路二段 187 號
電話：07-6922600 0930-867707 李羽宸老師
網址：www.3478.com.tw
E-mail：chominli@yahoo.com.tw

吉祥坊易經開運中心服務項目

1、命名、改名（用多種學派）、附八字命書一本	3600 元
2、嫁娶合婚擇日　附新郎、新娘八字命書一本	3600 元
3、剖腹生產擇日　附 36 張時辰命盤優先順序	3600 元
4、陽宅鑑定及規劃佈局　附男、女主人八字命書一本	12000 元
5、吉祥羅盤 8.6 吋、7.2 吋、2 吋讀者優惠價	電洽
6、姓名學、八字論命、奇門遁甲、紫微斗數、擇日軟體、三世因果八宅明鏡、紫白飛星、三元玄空、乾坤國寶、數字論吉凶、開運養生等軟體 共 18 種　請上網瀏覽	命理軟體特價
7、各類開運物品或制煞物品，請上網查閱	電洽
8、出版各種命理風水書籍共 40 本 - 請洽各書局	電洽
9、出版各種命理風水教學課程共 26 種 - 請洽吉祥坊	電洽

電話：04-24521393　黃恆堉老師

www.abab.com.tw　　www.131.com.tw

w257@yahoo.com.tw　abab257@yahoo.com.tw

臺中市西屯區西屯路二段 297 之 8 巷 78 號

國家圖書館出版品預行編目資料

手指占卜一本通／黃恆堉，李羽宸著.
　　－－第一版－－臺北市：知青頻道出版；
　　紅螞蟻圖書發行，2018.05
　　面　　公分－－（開運隨身寶；17）
　　ISBN 978-986-488-195-6（平裝）

　　1.占卜 2.手相 3.手指

292.9　　　　　　　　　　　　　　107003744

開運隨身寶 17
手指占卜一本通

作　　者／黃恆堉，李羽宸
發 行 人／賴秀珍
總 編 輯／何南輝
美術構成／沙海潛行
校　　對／周英嬌、李羽宸
出　　版／知青頻道出版有限公司
發　　行／紅螞蟻圖書有限公司
地　　址／台北市內湖區舊宗路二段121巷19號(紅螞蟻資訊大樓)
網　　站／www.e-redant.com
郵撥帳號／1604621-1 紅螞蟻圖書有限公司
電　　話／(02)2795-3656（代表號）
傳　　真／(02)2795-4100
登 記 證／局版北市業字第796號
法律顧問／許晏賓律師
印 刷 廠／卡樂彩色製版印刷有限公司
出版日期／2018 年 5 月　第一版第一刷

定價 250 元　　港幣 83 元

ISBN 978-986-488-195-6　　　　　Printed in Taiwan